Métodos de exposição de conteúdo e de avaliação em EaD

Silvia Hidal

Métodos de exposição de conteúdo e de avaliação em EaD

Análise dos métodos de exposição de conteúdos e avaliação de aprendizado em cursos a distância sobre "Resolução Consensual de Conflitos Coletivos envolvendo Políticas Públicas" promovidos pela Escola Nacional de Mediação e Conciliação do Ministério da Justiça do Brasil

Copyright © Silvia Hidal 2017
Todos os direitos desta edição reservados à Editora Labrador.

Coordenação editorial
Beatriz Simões Araujo

Projeto gráfico, diagramação e capa
Antonio Kehl

Revisão
Regina Plascak
Perfekta soluções editoriais

Imagem da capa
Pexels/Pixabay

Dados Internacionais de Catalogação na Publicação (CIP)
Andreia de Almeida CRB-8/7889

Hidal, Silvia Luisa Servos Tabacow
Métodos de exposição de conteúdo e de avaliação em curso EaD: análise dos métodos de exposição de conteúdos e avaliação de aprendizado em cursos a distância sobre "Resolução Consensual de Conflitos Coletivos envolvendo Políticas Públicas" promovidos pela Escola Nacional de Mediação e Conciliação do Ministério da Justiça do Brasil / Silvia Luisa Servos Tabacow Hidal. — São Paulo : Labrador, 2017.
136 p.

Bibliografia
ISBN 978-85-93058-00-4

1. Ensino a distância 2. Educação 3. Aprendizagem 4. Políticas públicas I. Título

16-1581   CDD 371.35

Índices para catálogo sistemático:
1. Ensino a distância

Editora Labrador
Rua Dr. José Elias, 520 – sala 1 – Alto da Lapa
05083-030 – São Paulo – SP
São Paulo – SP
Telefone: +55 (11) 3641-7446
Site: http://www.editoralabrador.com.br/
E-mail: contato@editoralabrador.com.br

A reprodução de qualquer parte desta obra é ilegal e configura uma apropriação indevida dos direitos intelectuais e patrimoniais do autor.

Dedicatória

Dedico esta obra aos meus falecidos pais, Rholf Z'L e Ilschen Servos Z'L, que me ensinaram retidão, perseverança, humildade, tolerância, amor e compreensão.

Ao meu marido Eduardo, que me acompanha durante grande parte de minha vida e me apoia nos momentos mais difíceis que já enfrentamos juntos.

Às minhas filhas Joana e Caroline, que amo incondicionalmente e que todo dia me ensinam a viver.

Agradecimentos

Agradeço ao Prof. Juan Tausk, que me deu todo o apoio para realizar o Mestrado.

Agradeço à Profa. Dra. Luciane Moessa de Souza pelo convite e pela oportunidade de ter participado como tutora dos Cursos 1 e 2 de Resolução Consensual de Conflitos Coletivos envolvendo Políticas Públicas. Aos queridos Profa. MSN. Gabriela Asmar, Profa. M.Sc. Tania Almeida e Dr. Adolfo Braga Neto pelo constante apoio recebido durante os Cursos 1 e 2, e aos colegas de tutoria Carlos Henrique Carneiro e Ronan Ramos de Oliveira Júnior, em nome dos quais agradeço todo o trabalho em conjunto.

Agradeço especialmente à Profa. Dra. Wilsa Maria Ramos, Diretora do Centro de Educação a Distância da Universidade de Brasília – CEAD/UnB, ao Dr. Igor Lima Goettenauer de Oliveira, Coordenador-Geral da ENAM, à Simone Bordallo e à Joeanne Neves pelo apoio administrativo do CEAD/UnB, sem a ajuda dos quais este livro não seria possível.

Dedico um agradecimento especial aos professores do Programa de Maestría Latinoamericana Europea en Mediación y Negociacíon, lX Promocíon, 2014, Gabriela Jablkowski, Adriana Aprea, Silvia Kanter, Maia Evangelina Trebolle, Marili Caram e Sergio Abrevaya.

Agradeço com muito carinho à equipe médica do HIAE, que me deu condição de saúde para chegar a este momento: Dr. Jairo T. Hidal,

Dr. Adriano O. Seixas e Dra. Lucia Eid, Dr. Amâncio Ramalho Jr., Dr. Maurício Pegoraro e Dra. Susana Braga, Dr. Jacyr Pasternak, Dr. Eduardo Cukierman, Dr. Reynaldo Jesus Garcia Filho, Dr. Sergio Wey, Dr. David Lewi, Dr. Nelson Hamerschlak e todos que fizeram parte desta maravilhosa equipe.

À equipe de enfermagem do HIAE, agradeço pelo carinho e dedicação que tiveram.

Agradeço à Michele F. Nubila e também toda a equipe de fisioterapeutas.

Um especial agradecimento à Carmen Gomes e toda a equipe de Hospitalidade do HIAE.

À minha família que sempre me dá suporte, Renato e Rosanna Servos, Luci Hidal, tia Esther Mindlin, Vera Lucia e Samuel Serson, Helen Z'L e Keith Bolderson. Marion Fink e todos os parentes que estão no exterior.

Aos meus amigos que sempre me apoiaram, Dinah Piotrowsky, Dr. Mario e Monica Ruhman, Agnes e Angelo Franchini, Thomas, Vivian, Alex e Andrea Endlein, Helena Zukerman, Sergio e Deborah Niskier, Lara C. Capatto, Dra. Selma Cernea, Betty e Pierre Schlumpf, Montserrat e Stefan Matzinger, Tibério Katz, Célia Burd, Susie e Moacyr Largman, Patricia Cytrynowicz, Simone Ciobotaru, Brenda Schiriak, Mauro e Marisa Jarczun, Jan Coifman, Anita Rapoport, Ginette e Clemente Pavia, Fernanda Leme, Elvira e Helmut Schippers, Antonio e Conceição Dale Coutinho, Mario Probst, Sami Sztokfisz, Avi Meizler, Arthur Rotenberg, Bruno Szlak, Moises Gordon, Mauro Zaitz, Fini e Oron Menashcu, Yara Schechtman e Valéria Cid dos Santos.

A todos que me ensinam e me possibilitam diariamente a mediação, Dr. Ricardo Pereira Jr., Marco Aurélio Caninéo da Silva e Regina Genka. A todos os amigos do Cejusc-Central, Juliana Polloni B. dos Santos, Hiram Toledo Jr., José Luiz Rocha e Silvana Dias, os quais agradeço as nossas comediações. À Alessandra Negrão Martins e à Equipe de Mediação para Idosos. A Dra. Vanessa Aufiero da Rocha,

Fabiana Aidar, Cinthia Zaccariotto, Jurema Rodrigues, Adriana Nobis e Elvira Leme e todos os amigos da Oficina de Pais e Filhos e a Ana Luiza Isoldi e a todo o grupo OAB Mediando.

Agradeço também Enrique Berenstein e Rubens Krausz e toda a equipe de Águas Abertas. À Adriana Silva e à equipe do Máster de Natação.

A Marineide Santana de Jesus e Ana Moreira, que me ajudaram diariamente para que eu pudesse me dedicar ao trabalho.

Quero agradecer o apoio técnico, sem o qual não poderia ter concluído esta obra. Quanto aos gráficos, na parte estatística, à Dra. Rejane Figueiredo; na diagramação, à Sra. Eliana Spinelli Luciano; e, na parte de revisão de português, à Profa. M.Sc. Lina Mendes.

Se deixei de nomear algum amigo, peço desculpas e que se sinta da mesma forma incluído.

Prefácio
Profa. Dra. Wilsa Maria Ramos

Um livro interessante, inovador e atual que trata de duas temáticas imprescindíveis para a contemporaneidade: métodos participativos e consensuais de solução de conflitos e a oferta de curso aberto na modalidade Educação a Distância. O livro traz uma vasta parte da descrição de práticas pedagógicas, didática da educação a distância, métodos de exposição de conteúdo e de avaliação em curso em EaD, articulando teoria e prática sem descurar da qualidade, do rigor acadêmico e de um olhar crítico.

Por meio de método quantitativo de pesquisa, a autora investiga os formatos e as estratégias avaliativas usados nos fóruns temáticos para promover a construção de conhecimentos na área. Ao final, também amplia a análise do curso, apresentando melhorias importantes para as próximas edições.

A autora descreve como o Curso Resolução Consensual de Conflitos Coletivos envolvendo Políticas Públicas na modalidade educação a distância foi organizado no ambiente virtual de aprendizagem Moodle. Destaca os principais recursos de apoio a aprendizagem *on-line* e a forma de exposição da matéria/conteúdos, visando um aprofundamento da leitura e a participação efetiva nos Fóruns por parte dos cursistas. O curso teve por objetivo capacitar os participantes a identificar situações em que a solução adequada para um conflito coletivo consiste no desenvolvimento de um processo de construção de consenso de forma eficiente (em questão do tempo, recursos e qualidade) e duradora.

O livro oferece ao leitor um relato preciso dos tipos de Fóruns utilizados. Também descreve como a atuação dos tutores se transforma em um ponto crucial no curso. Em sua análise dos dados, identificou-se os tipos de perfis de participação em cursos *on-line* que evoluem durante o curso. Entre as didáticas *on-line* relevantes para a construção do conhecimento, destacaram-se a metodologia da resolução consensual de conflitos coletivos, também chamada de "construção de consenso", e as situações concretas (reais e simuladas) em que tal metodologia pôde ser aplicada no Fórum de discussão.

Os relatos da autora demonstram que a sensibilidade da equipe gestora, o comprometimento e o domínio de conhecimento dos tutores são elementos que qualificam o curso a distância, impactando na qualidade da aprendizagem. Entre as conclusões, pode-se refletir que o curso a distância assegurou a qualidade do ensino, atentando à compreensão da complexidade das dinâmicas interativas individual/coletivo, indivíduo/sociedade que circunstanciam as tratativas da temática de negociação e mediação de conflitos.

A obra contribui para demonstrar como temas atuais que envolvem o desenvolvimento e a difusão de novas formas de manejo de conflitos individuais e coletivos, com destaque para a mediação, possuem grande potencial quando ofertados na modalidade a distância.

Na avaliação dos resultados referente ao processo de ensino e aprendizagem, observaram-se aspectos relevantes do curso que indicam a validade de sua reaplicação pelo potencial de revisão conceitual e metodológica sobre a temática.

Nesta obra de referência para a discussão de cursos *on-line* abertos para a formação continuada da sociedade, a análise realizada pela autora e pesquisadora demonstra a importância de iniciativas desta monta para a sociedade brasileira, visto que cursos a distância tem capacidade de cobrir o território nacional, sem barreiras física ou temporal.

O relato analítico do curso imporá aos leitores uma reflexão sobre as potencialidades da Educação a Distância para o desenvolvimento de formação continuada no plano de políticas afirmativas e valorativas do exercício da cidadania para a consecução de uma sociedade plural e participativa.

Para mim, enquanto professora e pesquisadora em educação a distância, muito me honrou a leitura desta obra que reafirma a importância da modalidade a distância como forma possível de formação do cidadão no século XXI, por meio da extensão universitária, favorecendo a atuação além-campus e investindo na democratização do acesso ao conhecimento para a formação de pessoas em distintos locais e espaços sociais e culturais.

Prefácio
Prof. Juan Tausk

El trabajo realizado por Silvia Luisa Servos Tabacow Hidal es significativo porque representa un aporte valioso para el desarrollo de la mediación como práctica en nuestras comunidades. Esa práctica con tendencia a generalizarse a partir de los nuevos ordenamientos legislativos del Brasil representa decididamente un avance en la construcción de relaciones más pacíficas y, sin redundar, menos belicosas o confrontativas, para la convivencia cotidiana.

Pero ello no deviene porque los operadores se nutran de buenas intenciones o aspiraciones idealizadas de una utópica paz, en las almas y entre las naciones. Por el contrario, se nutre de la conmoción por las violencias insensatas y sus implicancias dolorosas en las vidas de la gente, en nosotros mismos incluídos.

Los mediadores somos llevados a sostener una pregunta: "¿Podré aportar algo?" Ya en ese sentido sabemos que uno puede aportar más, o menos, pero no puede evita hacer algo. Al menos lo que representa su aporte más auténtico y comprometido. Un dicho del Talmud Babilónico lo dice claramente: "No estás obligado a concluir con toda la obra, mas tampoco eres libre de sustraerte y eludirla"

La obra que intenta Silvia es la de interrogarse por la calidad de la formación del mediador, pues entiende que no es sobreentendido que compartir las ideas y los principios de la resolución colaborativa de conflictos sea suficiente. Sabe y comparte la idea que es necesario mucho más. Pero, ¿cómo decirlo? Renuncia a los lugares comunes del "buen" y "correcto" saber. Toma como objeto un fragmento, que le toca habitar y propone ideas.

Toma como objeto de investigación al Curso sobre Resolución Consensual de Conflictos Colectivos envolviendo Políticas Públicas, que despliega la Escola Nacional de Mediação e Conciliação. Pretende entender los resultados y el aprovechamiento del estudio que es desarrollado por medios de la enseñanza a distancia. Siendo de gran numerosidad y en consecuencia de la formación de numerosos operadores en todos los estados del país, asume la responsabilidad ética que conlleva y la perspectiva de futuro, intentando – y lo logra – de detectar los indicadores que permitan:

- detectar la perspectiva de continuidad o deserción de la cursada por los estudiantes mediante la incidencia de la lectura bibliográfica.
- verificar que un contenido pueda aprenderse por diversos modos de exposición.
- analizar la incidencia de la función del tutor, así como su formación y preparación.
- interrogar de cómo se puede enseñar y transmitir la capacidad de preguntar y escuchar del alumno por este medio.
- interrogar la posibilidad de enseñar estos contenidos para la formación de mediadores por medio de la modalidad a distancia y en consecuencia evaluar cualitativa y cuantitativamente el desempeño del estudiante del docente y del programa en consecuencia.

Estos temas, hay más, son de crucial importancia, pues no basta anunciar una ley de mediación como para dar respuestas inmediatas a las demandas de formación y a las demandas de la comunidad, que sin duda se quiere generar. Es imposible pero además es insensato.

La calidad del mediador es tan importante, implica reformulaciones de prácticas profesionales a los diversos operadores profesionales. Dada la sustancia interdisciplinaria del instituto, medida tan saludable y merece valorar y reconocer la claridad de los legisladores – requiere que algunas profesiones más que otras puedan procesar un viraje significativo de lo usual de sus prácticas profesionales. Quienes están más cerca del litigio, deben realizar un giro copernicano, lo cual en la práctica se observa que se realiza y con admirable talento; quienes están más cerca de oficios en que domina el diálogo, es posible que les sea más coherente con su oficio usual. Pero unos y otros inician juntos un emprendimiento de magnitud.

Como se verá, se trata menos del Instituto Judicial, Ministerio y Tribunales, aunque sean sus ejecutores – sino de proveer una justicia cotidiana que la población debe experimentar, aprender y habitar a partir de la colaboración, el reconocimiento, la autodeterminación y el empoderamiento. Y lapresencia de la dimensión de "terceridad" que representa el mediador. También se llama a esto justicia, sin duda, pero no sustituye el lugar de La Justicia como institución. Convergen en un sentido fundamental: aportar a la convivencia pacífica y a resolver los problemas conflictivos que la vida en sociedad genera, indefectiblemente.

Para ello es necesario tener un equipo de mediadores con talento reconocible, con aprendizajes suficientes y con competencias que se puedan evaluar. Hay que estar atentos a que no llegó la "buena nueva" y el anhelo de Isaías. La espada seguirá siendo espada y el cordero no va a pastar con el león. No en nuestras sociedades y en este mundo que quema sus gases venenosos en nuestras narices, destruye comunidades enteras sin asco y liquida expeditivamente a la familia del hombre. Al menos no aún o para decirlo de otro modo, en la infinitud del horizonte, sí está anunciándose. Pero en nuestras vidas, son logros paulatinas, esforzados, que van y vienen.

Por ello es de crucial importancia el cómo se establecen los programas y cómo se capacitan los operadores. La mediación no es una necesidad evidente ni una verdad perenne. Su surgimiento contemporáneo se debe a diversas causas temporales y de época – de los tiempos indecisos de la llamada posmodernidad – y no está la mediación para quedarse como si fuera una obligación o un imperativo moral. De su correcta aplicación depende su desarrollo, su inserción en la comunidad, sus logros, profundización y crecimiento; el análisis de las prácticas, las lecturas críticas y el desarrollo de conceptos y teorías. Pero además, no desentenderse de la calidad humana de los mediadores, su interrogación, su preguntarse a sí mismos y el trabajar y negociar consigo mismos. Es el trabajo para adentro el que se debe instalar con solidez y el que se proyecta con más eficacia.

Por ello es que debemos cuidar este instituto, cuidar su crecimiento para que se despliegue con toda su potencia y se instale como una práctica querida, deseada y necesaria para construir nuestros mundos. Esperamos muchos avances y cosas buenas para el futuro. Se lo debemos a nuestros prójimos, se lo debemos a las generaciones por venir. Lo queremos para nosotros.

Por ello, trabajos cuidadosos como al que se aboca Silvia, sostienen la posibilidad de crecer en nuestra práctica, dar consistencia al Instituto de la mediación, ser creíbles en el mundo académico y generar demanda de nuestros futuros usuarios – en este caso grandes organizaciones y el Estado, la comunidad viva.

Apresentação
Juan Carlos Vezzulla

Dois eixos fundamentais são trabalhados nesta obra que merecem uma reflexão profunda: a formação em mediação e o ensino à distância que nos leva a dois questionamentos:
1. Podem ser transmitidos adequadamente os princípios e fundamentos da mediação, que presentam uma ruptura epistemológica radical a respeito de outras ciências, por meio de um procedimento em que o único contato entre formadores e formandos é exclusivamente escrito?
2. Se for possível, quais as condições requeridas para que essa formação produza seus efeitos sem trair esses princípios?

A introdução da mediação no ocidente foi motivada pela demanda de uma sociedade cada dia mais complexa a partir da revolução industrial e os novos direitos das mulheres, das crianças e dos adolescentes, meio ambiente, etc., que inevitavelmente questionavam a ordem impositiva e traziam a necessidade de uma reorganização social mais democrática e participativa.

Um novo profissional surgia no ocidente, o mediador, que substituía o princípio modernista de dar respostas pelo paradigma do não saber gerador de perguntas.

Da dependência à emancipação, da imposição colonizadora do saber profissional ao reconhecimento respeitoso do saber dos mediandos.

Da aprendizagem de um procedimento e suas técnicas ao desenvolvimento das habilidades e capacidades de escuta, de compreensão e de acolhimento próprias de um mediador.

Devo confessar que no início desestimei o EaD como uma metodologia válida para o ensino da mediação, mas a experiência assumida como supervisor, primeiro, com a coordenação da Juíza Gláucia Falsarella Foley e, depois, como coordenador da segunda edição do curso EaD de Fundamentos da Mediação Comunitária me demonstraram que o objetivo de chegar a um grande número de pessoas – tivemos aproximadamente 15.000 inscritos dos quais foram selecionados 1.500 para cada edição do curso – nos motivou a procurar utilizar ferramentas da plataforma que permitiria quebrar a transmissão dogmática de conhecimentos pelo reconhecimento do saber dos cursistas que conseguiria construir conceitos conjuntamente pelo questionamento do saber transmitido.

Antes de apresentar a visão dos autores, convocávamos aos cursistas a registrar a sua experiência e conceitos preexistentes que trazia um começo de construção conjunta de novas definições ou teorias de aproximação ao tema desenvolvido em cada módulo.

Os princípios da mediação implementados no seu ensino.

Partindo da sua própria experiência com o EaD da mediação, Silvia Hidal apresenta seus originais questionamentos pesquisando tanto os princípios da mediação quanto o funcionamento didático do Ensino a Distância, contribuindo assim a que os futuros cursos utilizando essa metodologia introduzam suas conclusões e adaptem a metodologia para obter os melhores resultados.

Infelizmente a ENAM (Escola Nacional de Mediação e Conciliação), dependente do Ministério da Justiça, que tanto contribuiu a que o EaD permitisse levar as diversas aplicações da mediação a todos os cantos do Brasil, deixou de existir em dezembro de 2015.

Mas universidades e instituições de ensino estão utilizando a tecnologia EaD para ministrar cursos de mediação que podem se beneficiar com este trabalho e continuar com novos questionamentos que permitam aperfeiçoar esse sistema de ensino até estar totalmente em condições de atender aos princípios e à natureza da mediação.

Parabenizo a autora pela publicação desta obra, que sem dúvidas facilitará a compreensão da essência da mediação para conseguir adequar o Ensino a Distância a seus requerimentos específicos.

Introdução

A Escola Nacional de Mediação e Conciliação (ENAM) do Ministério da Justiça do Brasil ofereceu, em 2014, dois cursos sobre a "Resolução Consensual de Conflitos Coletivos envolvendo Políticas Públicas", em parceria com o Centro de Educação a Distância da Universidade de Brasília (CEAD/UnB), utilizando o Ambiente Virtual de Aprendizagem (AVA) para a plataforma Moodle, com o objetivo de dar um embasamento teórico e prático para profissionais em todo o Brasil que lidam, de alguma maneira, com conflitos coletivos, mas nunca tiveram a oportunidade de conhecer a teoria, as técnicas e as ferramentas da mediação. Esses cursos possibilitaram para os profissionais facilitar a busca de soluções para os diferentes interesses legítimos e necessidades e, com isso, começar a resolver, de forma consensual, os Conflitos Coletivos que envolvem Políticas Públicas, fortalecendo o exercício da democracia participativa e o bom relacionamento entre o Poder Público e os diferentes grupos sociais.

Ambos os cursos foram oferecidos em períodos de sete semanas (08/06/2014 a 27/07/2014 e 04/08/2014 a 22/09/2014) e divididos em sete módulos. A carga horária de cada curso para os alunos foi de 50 horas, o que, para a tutoria, correspondeu a 120 horas.

Em cada módulo, deveriam ser realizados uma leitura, chamada "lição", e vários exercícios, que consistiam em responder a questões objetivas ou subjetivas acerca do conteúdo abordado no referido módulo, bem como as participações em fóruns. Em alguns módulos, houve a simulação de práticas de mediação. As questões objetivas de múltipla escolha eram corrigidas pela própria plataforma, de modo que o aluno via seus acertos e erros imediatamente. Em relação às questões subjetivas, o aluno respondia-as por escrito, e o tutor, com um gabarito, corrigia-as e atribuía a nota no prazo máximo de uma semana. O fórum era o lugar onde o aluno podia interagir, discutir e refletir sobre as ideias expostas com os demais e com o tutor, que avaliava tanto a participação quantitativa, pois o aluno deveria participar no mínimo com duas postagens, como qualitativa/formativa, verificando se a discussão era condizente e pertinente em relação ao tema. No fórum de dúvidas, os alunos podiam postar suas perguntas, que eram resolvidas pelos tutores ou, se fossem mais complexas, pela coordenação no prazo de 24h durante a semana e 48h nos fins de semana. No primeiro Curso, os exercícios 1, 2 e 3 foram realizados no módulo V, correspondentes às fases iniciais de mediação em casos fictícios. No segundo, o exercício 1 foi dado no módulo IV; o 2 foi mantido no módulo V; e o 3 para o módulo VI. Essa mudança aconteceu uma vez verificada a necessidade do tutor por um tempo maior para corrigir e dar o retorno ao aluno sobre as perguntas por ele formuladas. Além disso, o aluno também precisava de mais tempo para fazer os exercícios.

Havia a necessidade de o aluno usar as ferramentas aprendidas anteriormente, como fazer perguntas com as quais a parte se sentisse confortável e à vontade para falar, com o objetivo de conhecer sua visão, seu posicionamento, seus interesses, suas dificuldades, suas necessidades e suas opções, e de questionar se a parte gostaria de participar da mediação ou quem poderia vir em seu lugar. No primeiro exercício, o tutor avaliava o aluno apenas pelas perguntas postadas e verificava se o diálogo não foi um interrogatório, em vez de uma conversa normal, ou se houve alguma pergunta intimidatória. Esse exercício serviu para preparar o aluno para o segundo exercício de conflito fictício, no qual as respostas dadas por outro grupo foram utilizadas para o preparo do relatório de diagnóstico/planejamento para a Resolução Consensual do Conflito Coletivo envolvendo Políticas Públicas. Nesse exercício, o tutor avaliava o conjunto do aprendizado do aluno, a aplicação do conhecimento teórico na prática, se o relatório contemplava a participação de todos, os pontos convergentes e divergentes, os interesses, as necessidades de todos os envolvidos, assim como o planejamento de datas e locais para sessões de mediação, a necessidade de futuros estudos ou esclarecimentos, entre outros. Com a teoria e os exercícios práticos, o curso ofereceu uma base para todas as pessoas que procuraram uma cultura do diálogo em substituição à cultura do litígio para a Resolução de Conflitos Coletivos envolvendo Políticas Públicas.

Nesta obra, os objetivos são mostrar a importância de haver vários métodos de exposição de conteúdos no curso de "Resolução Consensual de Conflitos Coletivos envolvendo Políticas Públicas" e escolher as melhores abordagens quantitativas e qualitativas/formativas para avaliar o aluno desse curso, para que ele esteja preparado para fazer as perguntas nas sessões privadas e, com as respostas, ele possa preparar um relatório de diagnóstico e de planejamento de resolução consensual do conflito, tanto no curso como no cotidiano, que é o objetivo do curso. Tenciono, também, justificar a necessidade do tutor em ter formação em mediação para poder realizar a avaliação dos alunos nos Cursos de Resolução de Conflitos Coletivos envolvendo Políticas Públicas, que foram oferecidos em 2014, pela Escola Nacional de Mediação e Conciliação (ENAM) em Educação a Distância. Quero também ressaltar a importância do aperfeiçoamento e da adaptação do primeiro para o segundo Curso, conforme os interesses do público-alvo inscrito, efetuados no exercício 1 do primeiro Curso para o exercício 1 do segundo, assim como a mudança da pontuação dada aos respectivos exercícios devido a sua importância. Quero demonstrar, por meio de pesquisa estatística, que os alunos que leem os textos são os que continuam, permanecem e terminam o curso e questionar a possibilidade de inserir, em um próximo, um método audiovisual expositivo complementar.

O Brasil precisa de mediadores para resolver os Conflitos Coletivos envolvendo Políticas Públicas de forma consensual, e os cursos EaD são uma maneira rápida para suprir essa demanda. Por essa razão, precisamos optar pela excelência desse curso, aproveitar o que há de melhor em métodos de exposição em EaD, as melhores técnicas para a sua avaliação, buscar os tutores, supervisores e coordenadores com melhor capacitação em mediação que vem sendo feita nessa área.

Nesta obra, será apresentado que o conteúdo de um texto em EaD pode ser aprendido pelo aluno por vários métodos de exposição, e pode haver diferenças de um aluno para outro na facilidade com o uso de um ou outro método de aprendizagem.

Também será analisada a necessidade atual de avaliar um aluno EaD por métodos quantitativos e formativos. No Curso de Resolução Consensual de Conflitos Coletivos envolvendo Políticas Públicas em EaD, o exercício de formulação de perguntas pelo aluno nos exercícios fictícios de simulação em sessões privadas é um método avaliativo--formativo importante.

Para a avaliação das perguntas dos alunos, quero mostrar que é fundamental que o tutor tenha formação em mediação.

Será analisada a importância de se fazer alterações nos temas dos exercícios simulados de mediação, adaptando-os aos interesses dos alunos inscritos no Curso de Resolução Consensual de Conflitos Coletivos envolvendo Políticas Públicas em EaD.

A metodologia utilizada durante este trabalho foi de pesquisa bibliográfica e outras referências para elaboração sobre métodos de aprender em EaD, relacionados com os métodos de exposição do conteúdo do curso, discorrendo sobre cada um e também para a elaboração sobre métodos de avaliação de alunos em geral e em EaD, relacionados com os métodos de avaliação de aprendizado utilizados no curso, por meio da análise da plataforma.

Pesquisei sobre ferramentas de mediação, especificamente a ferramenta "pergunta". Pesquisei, também, o total de alunos inscritos e o percentual de alunos que se formaram no primeiro curso e no segundo.

No Curso 2, não foi permitida a participação, nos exercícios de mediação simulada realizados a partir do módulo IV, dos alunos que não tivessem concluído a leitura das lições I, II e III e respondido aos questionários dos módulos I, II e III. Por essa razão, optei por utilizar somente as informações referentes às notas dos alunos dos Cursos 1 e 2 dos módulos I, II e III de cada um dos cursos das leituras das lições, suas participações nos fóruns e na resolução das questões.

Pesquisei o percentual de **alunos que se formaram** em ambos os cursos com aprovação igual ou maior a 60%, relacionando-o ao percentual da leitura da lição de cada módulo (80% a 100% da lição e 0% a 79,99%) de cada um dos três primeiros módulos, sua participação nos três primeiros fóruns e a resolução das questões subjetivas e objetivas, sendo que, no Curso 1, essas questões subjetivas e objetivas se juntaram e foram consideradas como questão única para efeito de nota.

Pesquisei o percentual dos **alunos que não se formaram** em ambos os cursos (nota de aprovação menor ou igual a 59,9%), relacionando-o ao percentual da leitura da lição de cada módulo (80% a 100% de leitura da lição e 0% a 79,99%), dos três primeiros módulos, sua participação nos três primeiros fóruns e a resolução das questões subjetivas e objetivas, sendo que, no Curso 1, a nota fornecida pelo sistema era o resultado das questões subjetivas e objetivas, consideradas como questão única para efeito de nota.

Essa pesquisa foi feita com a disponibilidade das notas dos alunos na plataforma "Moodle" de cada curso. No Curso 1, participaram 576 alunos e, no Curso 2, participaram 1.008 alunos.

Sumário

1. A história da EaD no mundo e no Brasil 31
2. 1º e 2º Cursos de Resolução Consensual de Conflitos Coletivos envolvendo Políticas Públicas no Brasil, a equipe e o processo seletivo dos alunos e dos tutores 39
3. Metodologia da aprendizagem e métodos de exposição do conteúdo 47
4. O aluno de cursos EaD 67
5. Papel do tutor EaD 75
6. Metodologias para avaliar o aprendizado em EaD e as utilizadas no curso: o estudo das avaliações 85
7. A utilização da ferramenta "pergunta" na mediação e no Curso de Resolução Consensual de Conflitos Coletivos envolvendo Políticas Públicas 97
8. As diferenças entre os Cursos 1 e 2 105

    Conclusões 109

    Referências 125

    Anexos 131

1. A história da EaD no mundo e no Brasil

"Nada é permanente a não ser a mudança."
(Heráclito)

A história nos ensina que, há milênios, os nossos antepassados já queriam transmitir o seu conhecimento para as próximas gerações. Desenhavam sua rotina, suas caçadas e seus trabalhos nas paredes das cavernas e, assim, essas informações e conhecimentos chegaram até nós.

De lá para cá, muitas inovações surgiram, e os povos conseguiram se comunicar por meio da história contada, da escrita, de hieróglifos, de papiros, de rolos de pergaminho, de pombos-correios, entre outros. Em 1439, na Alemanha, J. Gutenberg inventou a tipografia, sendo a sua primeira grande obra a impressão da Bíblia. A partir de então, não só o clero podia ler, mas todas as outras pessoas passaram a ter, também, uma possibilidade de acesso ao conhecimento.

Nos dizeres de Severino (2014, p. 27), "Aliás, o conhecimento é mesmo a única ferramenta de que o homem dispõe para melhorar a sua existência".

Segundo Pacheco (2005, pp. 70-71),

> as mudanças constituem um ponto de preocupação na nossa sociedade. As transformações ocorrem com muita rapidez em todo o mundo e atingem não só as pessoas, mas os grupos, as instituições e as organizações sociais. A todo tempo surgem novos desafios, para os quais devemos estar bem preparados, e este é o maior desafio.
> A melhoria da qualidade dos produtos e serviços e a competitividade dos mercados exige um aperfeiçoamento constante de recursos humanos.

O imperativo da economia moderna está baseado no conhecimento, e as gestões estão baseadas em competências. Assim são necessários sistematicamente novos conhecimentos, assim como habilidades, disposições, condutas entre outros.

Mas como adquirir esses conhecimentos e habilidades nessa constante mudança?

Uma alternativa são os cursos de EaD (Educação a Distância), por meio dos quais o estudante e o trabalhador poderão adquirir conhecimento sem ter de sair de casa após um longo dia de trabalho ou de estudos, podendo acessar a "aula" em qualquer lugar e a qualquer hora.

Conta Barros (2003, *apud* Benítez, 2012) que "os primeiros indícios de utilização da Educação a Distância remontam ao século XVIII, quando um curso por correspondência foi oferecido por uma instituição de Boston (EUA). A partir de então, é possível estabelecer uma cronologia da evolução da EaD no mundo".

Foi na Europa, no século XIX, que apareceram as primeiras experiências em cursos de correspondência. Na Suécia, em 1833; no Reino Unido, em 1840, Sir Isaac Pitman cria a Correspondence Colleges; e na Espanha, em 1903, surge a Escola Livre de Engenheiros. Além desses países, também os Estados Unidos e a Austrália, com vastos territórios, tiveram a necessidade de EaD e, junto com Alemanha, Noruega, Canadá, França e África do Sul, no início do século XX, começam a experimentar esse novo método de ensino. Mas a educação a distância somente começou a criar forças a partir da segunda metade do século XX. O maior marco foi em 1969, quando, na Inglaterra, foi autorizada a abertura da *British Open University*, uma escola tradicional de ensino superior que agora se mostrava preocupada e aberta para os novos instrumentos e métodos de comunicação entre professores e alunos, tornando-se a pioneira em todos os sentidos: tanto na parte de EaD como na recepção e envio dos materiais educativos desse meio de ensino.

Sanavria (2008, p. 24), citando Litwin (2001a, p. 15), afirma que a *Open University*

[...] mostrou ao mundo uma proposta com um desenho complexo, a qual conseguiu, utilizando meios impressos, televisão e cursos intensivos em períodos de recesso de outras universidades convencionais, produzir cursos acadêmicos de qualidade. [...] A *Open University* transformou-se em um modelo de ensino a distância.

O autor (2008, p. 24), referindo-se a Litwin (2001) e Barros (2003), cita a criação da Universidade Nacional de Educação a Distância, na Espanha, em 1972, que surgiu com ideias atrativas para estudantes de graduação e pós-graduação do mundo inteiro, com grande parcela de alunos latino-americanos.

Sanavria (2008, pp. 22-24) traz uma lista de outros países que também introduziram o ensino a distância:
- a China, pela *Beijing Television College*, em 1960, começou a oferecer um programa de ensino por meio de televisão;
- a Noruega, a partir de 1968, passa a oferecer ensino superior em cursos a distância;
- o Japão, em 1978, fundou o *National Instituto of Multimedia Education*;
- a Irlanda, em 1982, criou o *National Distance Education Centre* dentro da Universidade de Dublin;
- a Itália, em 1984, iniciou o *Consorzio per l'Universitá a Distanzia* (CUD) e oferece o ensino superior;
- a Índia, em 1985, criou a primeira instituição de educação aberta no país, *Indira Gandhi National Open University;*
- na Europa, em 1990, foi criada a *European Distance Education Network*, uma rede colaborativa entre várias instituições de EaD;
- países como Costa Rica, Venezuela, El Salvador, México, Chile, Argentina, Bolívia e Equador também introduziram programas de Educação a Distância, como aponta Barros (2003).

Sanavria (2008, p. 25) também menciona que, em decorrência do iminente processo de industrialização no Brasil, o século XX marcou o início do desenvolvimento de EaD. Gerou-se uma demanda por políticas educacionais que formassem o trabalhador para a ocupação industrial, e a Educação a Distância surge como uma alternativa para atender a essa demanda. O principal meio de transmissão foi o radiofônico e, dessa maneira, os trabalhadores rurais podiam receber o seu conhecimento e a sua formação sem a necessidade de se deslocarem para os centros urbanos.

Como em todos os países do mundo, a história da educação a distância no Brasil não foi diferente, esteve sempre ligada à formação profissional, capacitando pessoas para atividades ou domínio de determinadas habilidades, baseando-se nas rápidas mudanças de mercado.

Sanavria (2008, p. 25) cita Barros (2003) ao relatar que a Educação a Distância era vista, nos anos 1930, pelos políticos e pessoas que trabalhavam com Políticas Públicas, como uma forma de atingir uma grande massa de analfabetos sem permitir que houvesse grandes reflexões sobre as questões sociais.

Ainda segundo Sanavria (2008, p. 25), em 1937, com o Estado Novo, a educação passou a ter o papel de "adestrar" o profissional para o exercício de trabalhos essenciais à modernização administrativa. Nesse contexto, surgem o Instituto Rádio-Técnico Monitor, em 1939, e o Instituto Universal Brasileiro, em 1941, como aponta Nunes (1992).

Foram várias as experiências radiofônicas até a implantação da televisão no Brasil, nos anos 1950, o que possibilitou o desenvolvimento de ideias relacionadas ao uso desse novo meio de comunicação na educação. Dessa maneira, nos anos 1960, surgem as televisões educativas, e já na década de 1970, a Educação a Distância começa a ser usada na capacitação de professores, pela da Associação Brasileira de Teleducação (ABT) e do MEC, por meio dos Seminários Brasileiros de Tecnologia Educacional.

Segundo Mari, Oprime, Mari e Costa (2011, p. 2), "No Brasil, a EaD passa a ser reconhecida pelo Estado a partir de 1971, quando a Lei de Diretrizes e Bases (LDB) permitia o ensino e a aprendizagem a distância apenas para cursos supletivos".

Ainda no contexto do rádio, é criado, em 1973, o Projeto Minerva, que disponibilizou cursos para pessoas com baixo poder aquisitivo. Na mesma época, surge o Projeto Sistema Avançado de Comunicações Interdisciplinares (SACI) que, dentro de uma perspectiva de uso de satélites, chegou a atender 16.000 alunos entre os anos de 1973 e 1974. Logo em seguida, foi criado um curso, num formato de telenovela, que fornecia subsídios para a formação a distância de professores leigos de 1ª a 4ª séries.

Em 1978, é criado o Telecurso 2º grau por meio de uma parceria entre a Fundação Padre Anchieta e a Fundação Roberto Marinho. Seu foco era a preparação de alunos para exames supletivos de 2º grau.

Já em 1979, temos a criação da Fundação Centro Brasileiro de Televisão Educativa (FCTVE), utilizando programas de televisão, no projeto Movimento Brasileiro de Alfabetização (MOBRAL). Nesse mesmo ano, a Coordenação de Aperfeiçoamento do Pessoal de Ensino Superior (CAPES) faz experimentos de formação de professores do interior do país, com a implementação da Pós-Graduação Experimental a Distância.

Em 1984, em São Paulo, é criado o Projeto Ipê, com o objetivo de aperfeiçoar professores para o magistério de 1º e 2º graus. Na década de 1990, temos, em 1995, a reformulação do Telecurso 2º Grau, que passa a se chamar Telecurso 2000, incluindo o curso técnico de mecânica.

Uma ferramenta importante que veio ajudar nos cursos EaD foi a internet. Segundo a Wikipédia, a internet remonta aos anos 1960 e foi utilizada, primeiramente, pelo governo dos Estados Unidos. Seu uso, no Brasil, deu-se, efetivamente, a partir da década de 1990.

Ramos e Medeiros (2009, pp. 1-3) citam a plataforma Moodle (Cole, 2005) (Modular Object-Oriented Dynamic Learning Enviroment), que foi criada em 2001, por Martin Dougiamas, cientista computacional e educador. Segundo Rice IV (2006), "é um sistema de gestão da aprendizagem que permite ao usuário, tanto o professor quanto o aluno, criar e vivenciar experiências envolventes, criativas e flexíveis de aprendizagem *on-line*". Essa plataforma faz parte da internet e é muito utilizada hoje nos cursos EaD.

Segundo Mari, Oprime, Mari e Costa (2011, p. 2), somente em 2005, pelo Decreto 5.622, que partiu da regulamentação do artigo 80 da LDB de 1996, a EaD foi definida no Brasil:

> Art.1º. Para os fins deste Decreto, caracteriza-se a educação a distância como modalidade educacional na qual a mediação didático-pedagógica nos processos de ensino e aprendizagem ocorre com a utilização de meios e tecnologias de informação e comunicação, com estudantes e professores desenvolvendo atividades educativas em lugares ou tempos diversos.

Para Barros (2003, *apud* Benítez, 2012), as exigências e necessidades educacionais sofreram grandes mudanças oriundas das transformações nas relações de trabalho com a Revolução Francesa. Hoje vivenciamos a revolução das tecnologias da informação, que, como a Revolução Francesa, também afeta as relações de trabalho, o que certamente afeta a educação.

Duas tendências educacionais firmaram-se no Brasil, no contexto da Educação a Distância, segundo Barros (2003, p. 52): "[...] a universalização das oportunidades e a preparação para o universo do trabalho".

Sanavria (2008, p. 27) confirma que existe um número crescente de cursos sendo oferecidos para diversos públicos e que eles não têm ligação com o Sistema de Ensino oficial do país. Várias instituições mantêm projetos ligados com EaD, entre elas: Fundação Roberto Marinho e Vale do Rio Doce, SEBRAE, SENAC, Fundação Bradesco, entre outros.

Benitez (2012) menciona que autores como Nunes (1992) observam que, durante todo este tempo, a Educação a Distância passou por um processo de transformação. Havia, no início, um grande preconceito em relação a essa modalidade. Aos poucos, porém, a Educação a Distância vem perdendo o estigma de ensino de baixa qualidade e ganhando credibilidade. No entanto, como toda modalidade de ensino, não se constitui na solução para todos os problemas. Atualmente, vivenciam-se novos desafios, principalmente no que diz respeito ao impacto das novas tecnologias na Educação a Distância.

A internet, a plataforma Moodle e todo o aperfeiçoamento dos computadores possibilitaram, conforme Sanavria (2008, p. 28), um crescimento de 356% no número de alunos dos cursos EaD de graduação e pós-graduação no período de 2004 a 2007 no Brasil. Em 2004, essa modalidade de ensino contava com 309.957 alunos e, em 2007, esse número chegou a um total de 972.826 alunos. Segundo o Censo EaD de 2013, nesse ano havia 4.044.315 matrículas em cursos EaD. Esses dados podem ser mais bem observados na tabela a seguir.

Tabela 1: Evolução das matrículas 2003-2013

Ano	Total	Presencial	A distância
2003	3.936.933	3.887.022	49.911
2004	4.223.344	4.163.733	59.611
2005	4.567.798	4.453.156	114.642
2006	4.883.852	4.676.646	207.206
2007	5.250.147	4.880.381	369.766
2008	5.808.017	5.080.056	727.961
2009	5.954.021	5.115.896	838.125
2010	6.379.299	5.449.120	930.179
2011	6.739.689	5.746.762	992.927
2012	7.037.688	5.923.838	1.113.850
2013	7.305.977	6.152.405	1.153.572

Fonte: Censo da Educação Superior/Inep/MEC.

Conforme o último Censo da Educação Superior, divulgado em 2013, as matrículas de Bacharelado, Licenciatura e cursos superiores tecnológicos a distância já somam mais de 1 milhão (EaD 2015). Existem vários motivos para a expansão do EaD no Brasil (EaD 2015):
- vantagens para o aluno: comodidade, flexibilidade de horários, economia de tempo, mensalidades mais baratas, entre outras;
- reconhecimento do MEC: as instituições que oferecem cursos EaD devem ser credenciadas pelo MEC, assim o seu diploma será reconhecido por essa instituição.

- programas do Governo: o Programa Universidade para Todos (ProUni) oferece bolsas de estudo em faculdades particulares que incluem a modalidade EaD, entre outras, englobando a Universidade Aberta do Brasil (UAB).

Segundo Foreque (2015, p. 3), "A educação a distância pode ganhar em breve um novo marco regulatório: o Conselho Nacional de Educação (CNE) discute novas diretrizes para essas graduações". Assim, o ensino virtual hoje, pelas normas que estão em debate, fica no mesmo patamar do ensino presencial. À época da produção deste texto, existia uma expectativa de que o texto final da resolução a ser aprovado pelo conselho estivesse pronto em setembro de 2015, para depois passar para o Ministério da Educação para sua avaliação e análise.

A ENAM (Escola Nacional de Mediação e Conciliação) já ministrou vários cursos na área da mediação na categoria de cursos EaD:
- Básico de Mediação: 12/08/2013 – 08/12/2013;
- Resolução de Conflitos para Prepostos – Representantes de empresas: já foram ofertados quatro cursos, o último ocorreu no período de 18/05/2015 – 21/06/2015;
- Resolução Consensual de Conflitos Coletivos envolvendo Políticas Públicas – 1º curso: 09/06/2014 – 27/07/2014;
- Resolução Consensual de Conflitos Coletivos envolvendo Políticas Públicas – 2º curso: 04/08/2014 – 21/09/2014;
- Fundamentos da Mediação Comunitária – 2ª oferta 2015: 01/07/2015 – 20/08/2015;
- Fundamentos da Mediação para a Defensoria Pública – 1ª oferta 2015: 17/08/2015 – 04/10/2015.

A ferramenta EaD, desse modo, vem sendo utilizada no Brasil para cursos de mediação, assim como para os dois cursos descritos nesta obra: cursos de Resolução Consensual de Conflitos Coletivos envolvendo Políticas Públicas.

2. 1º e 2º Cursos de Resolução Consensual de Conflitos Coletivos envolvendo Políticas Públicas no Brasil, a equipe e o processo seletivo dos alunos e dos tutores

Estes dois Cursos pioneiros foram realizados com trabalho e esforço intensos de vários órgãos e com uma equipe maravilhosa de pessoas que acreditam na mediação e nos métodos consensuais para a solução de conflitos em geral e conflitos coletivos envolvendo Políticas Públicas.

Souza (2014a) menciona, no Manual, as participações das pessoas do Ministério da Justiça, da organização do Centro de Educação a Distância da Universidade de Brasília – CEAD/UnB e da realização da Escola Nacional de Mediação e Conciliação – ENAM e da Universidade de Brasília.

2.1 CEAD/UnB

O CEAD/UnB tem longa experiência em EaD. Foi criado em 1979 como um órgão na estrutura da Universidade de Brasília (UnB), com o objetivo de desenvolver e viabilizar a EaD em diversas áreas do conhecimento. O CEAD/UnB facilita o acesso à educação, à cultura e aos saberes, ocupando lugar de destaque entre as universidades públicas brasileiras na execução de cursos pela plataforma Moodle. Oferta cursos de extensão universitária, pós-graduação *lato sensu* e, recentemente, de residência jurídica. Tem como compromisso ampliar e tornar viáveis projetos em EaD, com o objetivo de emancipar o cidadão na sociedade brasileira, dar a ele o acesso à informação, à democratização do conhecimento e à redução da desigualdade educacional e social no país com perspectivas de aprendizagem ao longo da vida.

Assim, podemos constatar que o CEAD está focado somente em cursos EaD para adultos, como é o caso desse curso.

A Profa. Dra. Luciane Moessa de Souza, em 2014, foi a coordenadora das gestões administrativas e acadêmicas necessárias à condução dos cursos, do treinamento e da orientação de tutores, juntamente ao Ministério da Justiça e com o apoio da gestão pedagógica do CEAD/UnB (Centro de Educação a Distância da Universidade de Brasília).

2.2 Processo seletivo dos alunos do 1º Curso de Resolução Consensual de Conflitos Coletivos envolvendo Políticas Públicas no Brasil

A Escola Nacional de Mediação e Conciliação (ENAM) do Ministério da Justiça do Brasil e a UnB tornaram públicas as normas gerais do curso, conforme o Edital n. 002/2014.

O período de inscrições ocorreu de 7 a 28 de maio de 2014, com 576 alunos inscritos, e a realização do cursos se deu de 9 de junho a 27 de julho do mesmo ano.

O público-alvo e o número de vagas, segundo esse edital, foram:
- Servidores públicos federais, estaduais e municipais, incluídos os advogados públicos federais, estaduais e municipais que atuassem em órgãos com alcance e a competência para conflitos coletivos envolvendo políticas públicas – 350 vagas;
- Membros e servidores do Poder Judiciário, com preferência para aqueles que atuassem em unidades jurisdicionais com a competência para processar e julgar conflitos coletivos envolvendo políticas públicas ou programas de resolução consensual de conflitos dessa natureza – 30 vagas;
- Membros do Ministério Público, com preferência para aqueles que atuassem em unidades com a competência para atuação em

conflitos coletivos envolvendo políticas públicas ou programas de resolução consensual de conflitos desta natureza – 90 vagas;
• Membros da Defensoria Pública, com preferência para aqueles que atuassem em conflitos coletivos envolvendo políticas públicas ou programas de resolução consensual de conflitos desta natureza – 30 vagas.

Os 500 candidatos aprovados, com as características acima mencionadas, foram divididos de forma que cada tutor ficou, em média, com 55 alunos.

Na primeira semana de apresentação, os alunos faziam um breve relato e contavam um conflito coletivo envolvendo políticas públicas do qual já haviam participado ou de que tivessem ouvido falar. Desta forma, o tutor tomava conhecimento da experiência deste aluno com a resolução de conflitos coletivos e de seu conhecimento acerca de mediação.

A "Turma 11", da qual fui tutora no 1º Curso, teve 56 alunos, dentre os quais 20 completaram o curso com o aproveitamento mínimo de 60%, correspondendo a 35,71% de aprovação.

2.3 Processo seletivo dos alunos do 2º Curso de Resolução Consensual de Conflitos Coletivos envolvendo Políticas Públicas no Brasil

No Edital do 2º Curso – Segundo Edital n. 004/2014 –, foram abertas 1000 vagas, o dobro das disponíveis no 1º Curso, uma vez que a procura para o 1º Curso havia sido muito grande. Também foram incluídos outros profissionais no público-alvo.

O período de inscrições ocorreu de 1 a 13 de julho de 2014, com 1.008 alunos inscritos, e o Curso foi realizado de 4 de agosto a 21 de setembro do mesmo ano.

Público-alvo e número de vagas:
• Servidores do Poder Executivo federal, estadual e municipal que atuem em órgãos cuja competência alcance conflitos coletivos envolvendo políticas públicas – 300 vagas;

- Membros e servidores do Poder Judiciário (federal e estadual), com preferência para aqueles que atuem em unidades jurisdicionais com a competência para processar e julgar conflitos coletivos envolvendo políticas públicas ou programas de resolução consensual de conflitos desta natureza – 150 vagas;
- Membros e servidores do Ministério Público (federal e estadual), com preferência para aqueles que atuem em unidades com a competência para atuação em conflitos coletivos envolvendo políticas públicas ou programas de resolução consensual de conflitos desta natureza – 150 vagas;
- Membros e servidores da Defensoria Pública (federal e estadual), com preferência para aqueles que atuem em conflitos coletivos envolvendo políticas públicas ou programas de resolução consensual de conflitos desta natureza – 150 vagas;
- Membros e servidores da Advocacia Pública (federal, estadual e municipal), com preferência para aqueles que atuem em conflitos coletivos envolvendo políticas públicas – 100 vagas;
- Membros do terceiro setor que atuem em instituições ligadas à defesa ou efetivação de direitos fundamentais que dependem de políticas públicas ou que atuem com resolução consensual de conflitos – 50 vagas;
- Professores e pesquisadores que atuem com ensino, pesquisa ou extensão, relacionados à resolução de conflitos coletivos que envolvem políticas públicas – 50 vagas;
- Membros e servidores do Poder Legislativo – 50 vagas.

Os 1000 candidatos, com as supostas características acima mencionadas no edital, foram aprovados, distribuídos e divididos de forma que cada tutor ficou, em média, com 55 alunos.

A Turma 4, da qual fui tutora neste 2º Curso, contou com 56 alunos, dos quais 12 completaram o curso, com o aproveitamento mínimo de 60%, correspondendo a 21,43% de aprovação.

Esses percentuais de aprovação não podem ser comparados nem relacionados ao processo seletivo, uma vez que, de um curso para outro, se realizaram mudanças. No 2º Curso, os alunos que não haviam participado dos três módulos anteriores não podiam continuar no curso para realizar os exercícios de mediação simulada, portanto, automaticamente, já estavam reprovados.

Segundo CensoEad (2013, p. 99), os cursos EaD apresentam uma média de 19,06% de evasão, mas não relata qual é a média de aprovação, sendo que as principais causas da evasão são: "falta de tempo para estudar e participar do curso; acúmulo de atividades de trabalho e falta de adaptação à metodologia".

Segundo Rodrigues (2012), a taxa de evasão de cursos livres – que compreendem cursos de língua, extensão e outros – é de 30,9%. Em cursos EaD mais longos, a evasão pode chegar a 70%, contra 45% a 50% nos cursos presenciais.

De acordo com Sales, Leite e Joye (2012, p. 2), "[...] uma questão que mais chama a atenção, segundo a pesquisa apresentada no Anuário Brasileiro Estatístico de Educação Aberta e a Distância (AbraEaD, 2008), [...] é a clara constatação da evasão precoce. A quase totalidade dos alunos que deixam o curso o fazem logo no início [...]". Segundo esse artigo (Nash, 2005, *apud* Comarella, 2009), um dos fatores relacionados à evasão seria o fato de que os alunos acreditam que os cursos, por serem a distância, serão mais fáceis; Nash (2005) afirma, ainda, ser preciso gerenciar as expectativas dos alunos, explicar os esforços necessários para concluir o curso, assim como detalhar, anteriormente, o programa para o aluno.

Foi feita uma experiência para selecionar alunos para um curso EaD em 2013, na qual eles somente podiam se inscrever no Edital se passassem no pré-curso.

A Escola Nacional de Mediação e Conciliação (ENAM), em 2013, realizou o 1º Curso de Mediação EaD para todo o Brasil para capacitar 2000 mediadores. As vagas eram preferencialmente para servidores do Judiciário que tivessem experiência em mediação ou conciliação ou que pretendessem atuar na área. Para os candidatos fazerem a inscrição, foi necessário que eles fizessem um pré-curso de 10 horas (Curso de Apresentação à Resolução Apropriada de Disputas). A intenção era que o pré-curso garantisse uma familiaridade dos inscritos com os conceitos que seriam abordados no curso em questão. No final do pré-curso, os candidatos completavam um teste, e somente os aprovados podiam se inscrever no Curso de Mediação EaD propriamente dito.

2.4 Processo seletivo dos Tutores dos Cursos 1 e 2

Após ter seus currículos analisados, estar de acordo com as exigências para serem tutores, ter a possibilidade de viajar para Brasília para dois encontros e disponibilidade para os alunos durante o período do curso (respondendo às suas perguntas em 24h), no dia 5 de maio de 2014, alguns tutores foram informados, pela Sra. Janaína Angelina Teixeira, Gestora Pedagógica-CEAD/UnB, que teriam uma entrevista via Skype com a Profa. Dra. Luciane Moessa de Souza.

Havia somente 10 (dez) vagas. Assim que saiu o resultado, a Profa. Dra. Luciane nos enviou todos os módulos para estudarmos e fazermos os exercícios.

Ela, então, corrigiu os nossos exercícios e, quando notava que o enunciado de alguma questão gerava interpretações muito diversas, o que ocorreu poucas vezes, ela alterava a redação da questão de modo a facilitar sua compreensão.

Isso foi importantíssimo, pois fez com que conhecêssemos toda a matéria e as questões do curso, assim como as dificuldades que poderiam aparecer.

Tivemos, em cada curso, dois encontros em Brasília com toda a equipe. O primeiro encontro deu-se para nos conhecermos pessoalmente, conhecermos as instalações da ENAM (Escola Nacional de Mediação e Conciliação), o Dr. Igor Lima Goettenauer de Oliveira, Coordenador-Geral da ENAM, o CEAD/UnB (Centro de Educação a Distância da Universidade de Brasília), a própria UnB, a Sra. Janaína A. Teixeira, a Secretaria da Reforma do Judiciário e toda a equipe da informática e do suporte técnico. Além dos dois encontros presenciais em Brasília, em cada curso tivemos, a cada 15 dias, uma reunião via Skype, na qual discutimos as dúvidas e os próximos passos dos exercícios de simulação, pois esses envolviam muita organização por parte dos tutores.

A Coordenadora pedagógica, Profa. Dra. Luciane Moessa de Souza, a Subcoordenadora, Profa. M.Sc. Gabriela Asmar, a Supervisora, Dra. Tania Almeida, o Supervisor, Prof. Adolfo Braga Neto, e todos os tutores tinham formação em mediação. Isso colaborou muito para que o grupo se expressasse da mesma maneira e todos os tutores pudessem ter as preocupações de mediador com os seus alunos, acolhê-los, compreendê-los e ajudá-los no curso e nas avaliações.

2.5 Avaliação

Para todos os cursos do CEAD, é feita uma avaliação contínua do Sistema de Tutoria, além de avaliações periódicas dos cursos. O sistema de avaliação objetiva a excelência dos profissionais responsáveis pelo acompanhamento pedagógico e o aprimoramento dos cursos ofertados pelo centro. Os alunos, ao final do curso, avaliam o próprio curso, os tutores e a coordenação. A supervisora avalia a atuação dos tutores no que diz respeito a requisitos como acompanhamento do aluno, a postagem das lições, as correções de exercícios e questões e sua disponibilidade em ajudar a equipe. E todos juntos avaliam o curso, com possibilidade de incluir sugestões para os próximos.

3. Metodologia da aprendizagem e métodos de exposição do conteúdo

3.1 Metodologias da aprendizagem

Para podermos falar em métodos de exposição de conteúdos no Curso de Resolução Consensual de Conflitos Coletivos envolvendo Políticas Públicas, precisamos compreender o que é a aprendizagem e como ela ocorre. O objetivo da Profa. Dra. Luciane Moessa de Souza, responsável pelo material didático do curso, é expor o conteúdo aos alunos para que eles possam aprendê-lo de maneira a aplicar as ferramentas na prática para resolver os conflitos coletivos que envolvem políticas públicas no dia a dia.

Se soubermos como acontece a aprendizagem, isso poderá, talvez, nos ajudar a refletir sobre os métodos de exposição de conteúdo e posterior avaliação.

O que é aprendizagem?

Segundo Giusta (1985, p. 26), o conceito teria vindo de investigações empiristas na Psicologia com base no pressuposto de que todo conhecimento provém da experiência. O sujeito seria vazio, uma *tabula rasa*, uma cera mole, e todas as impressões, fornecidas pelos órgãos dos sentidos e associadas umas às outras, dariam lugar ao conhecimento. Nesta definição, o conhecimento seria uma corrente de ideias formada automaticamente com base no registro de fatos e equivaleria a uma simples cópia do real, que é denominado *behaviorismo*. Por outro lado, foram feitas experiências com animais, mostrando que o comportamento é modelado por estímulos reforçadores, aversivos, tipos de reforços, esquemas de reforço e outros. Esse conceito positivista de aprendizagem é aceito pela *Gestalt*, uma corrente que nasceu na Alemanha no início de 1900, segundo a qual se aprende por *insights*. Citando Piaget, afirma que a adaptação – ou o restabelecimento do equilíbrio – comporta dois mecanismos distintos, porém indissociáveis, que são a assimilação e a acomodação. Nesse texto, são mencionados outros dois psicólogos, Wallon (1951) e Vygotsky, que, conforme Salla (2014), atribuíram grande importância à afetividade no processo evolutivo da criança, sendo que Wallon considera três dimensões para a aprendizagem da criança: a motora, a afetiva e a cognitiva.

Mas a pergunta-chave é: como nós aprendemos?

Dr. Brites, pediatra especializado em Neurologia, no seu vídeo de transmissão ao vivo em 22 dezembro de 2014, menciona que o cérebro é fundamental para a nossa aprendizagem. Segundo ele, existem muitos cursos de pós-graduação que estudam o funcionamento da aprendizagem em nível cerebral. Mas os pais precisam ter alguma base, bem como os professores, os psicólogos, os educadores e todos que, de alguma forma, estão envolvidos com a educação.

Conforme Dr. Brites, a aprendizagem começa no 4º mês de gestação, quando a criança desenvolve a sensibilidade auditiva e tátil. A partir desse momento, ela escuta as risadas, os barulhos e os sons, e sente as carícias na barriga da mãe. As respostas das crianças podem ser variadas, podem chutar, movimentar-se ou ter uma resposta hormonal favorável ou não ao desenvolvimento do cérebro e de suas conexões. Isso já pode modular o seu desenvolvimento.

As drogas, as bebidas alcoólicas e o cigarro podem provocar alterações no cérebro das crianças.

O *crack*, por exemplo, reduz a quantidade de substâncias fundamentais para a divisão dos neurônios e de suas ramificações em determinadas áreas cerebrais. As crianças podem apresentar atrasos motores, dificuldades de aprendizagem escolar, de memorização, de atenção, de raciocínio espacial, entre outros.

Dr. Brites mostra como funciona a aprendizagem.

Figura 1: Funcionamento da aprendizagem (Ciasca, 2006).

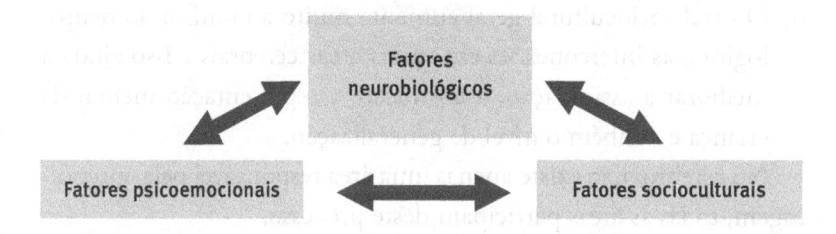

```
                    Fatores
                 neurobiológicos
        ↙                              ↘
Fatores psicoemocionais  ⟷  Fatores socioculturais
```

Ele menciona, entre outros fatores neurobiológicos, a dislexia e o autismo. E como fatores psicoemocionais, ele cita o fato de as crianças sofrerem maus tratos, serem filhas de mães depressivas, ou viverem em famílias emocionalmente alteradas.

Entre os fatores socioculturais, ele cita:

1. O grau de enriquecimento do ambiente influencia nas habilidades cognitivas, como memorizar, compreender, aplicar, analisar, avaliar e criar, quando as crianças chegam à escola. Ambientes empobrecidos – como favelas que têm cores cinzentas, sem multiplicidade de estímulos, sem estímulos auditivos – não favorecem as crianças. A pobreza extrema, a falta de perspectiva, a instabilidade financeira em casa, tudo isso pode transmitir para a criança as mesmas inseguranças, fazendo com que haja um desempenho de aprendizagem menor.
2. A presença de verminoses ou restrições nutricionais nos primeiros anos de vida, dos 2 aos 4 anos, eleva o risco de elas terem um rebaixamento nas suas habilidades cognitivas.
3. Quando as crianças convivem em ambientes de traficantes e não têm afeto, elas não terão um desenvolvimento afetivo completo.
4. Os estudos científicos indicam que quanto maior for o nível intelectual da mãe, melhor a capacidade de fazer abstrações da

criança e de ser direcionada de forma mais frutífera para a escola, obtendo, assim, melhor rendimento escolar.

5. Ir para a escola nem sempre é divertido para as crianças, mas uma boa mãe pode tornar isso gostoso e motivar a prontidão dessa criança.
6. O nível sociocultural geral aumenta muito a ramificação neurológica e as interconexões em várias áreas cerebrais e isso ajuda a melhorar a assimilação, a abstração, a representação mental da criança e também o nível de generalização.

No cérebro, não existe apenas uma área responsável pela aprendizagem, todas as áreas participam deste processo.

Conforme Brites mostra na figura 2, o processamento da linguagem, os sons das letras, a estruturação das palavras e o processamento auditivo acontecem no lobo temporal.

Figura 2: Áreas de aprendizagem do cérebro humano. (Brites, 2014)

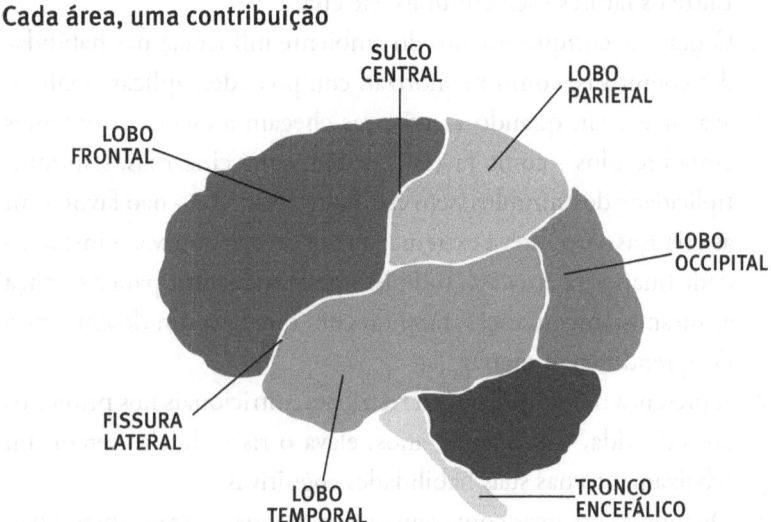

Cada área, uma contribuição

O lobo occipital é responsável pela visão, ou seja, pela percepção visual, pela forma como nós vemos a cor e o espaço daquilo que vemos.

O lobo parietal é responsável pelo pensamento matemático e espacial, 3D, a forma de se localizar no ambiente. Seria uma espécie de "GPS" cerebral.

O cerebelo automatiza nossas aprendizagens, sendo responsável pela nossa postura, equilíbrio e parte de nossa sistematização motora grossa.

O lobo frontal é responsável por organizar e orquestrar o cérebro. Ele planeja, decide, prevê, percebe erros e corrige imperfeições.

O tronco encefálico, por sua vez, é responsável por nossa atenção.

As camadas dos neurônios devem estar muito bem organizadas e interligadas, e essa organização ocorre nos dois primeiros anos de vida da criança. É importante, portanto, o cuidado que se tem com ela nessa fase, para ela se sentir amada, o olhar afetuoso da mãe ou do pai, o fato de ela ser bem conduzida, pois esses fatores afetam seu processo afetivo, bem como o desenvolvimento dos neurônios ligados ao relacionamento afetivo da criança.

Ler é uma função extremamente complexa. Depende, ao mesmo tempo, da participação de várias áreas do cérebro, e se alguma delas não foi bem desenvolvida, a pessoa poderá ter prejuízo na hora de entender e compreender.

Aos quatro anos para meninas e um pouco mais tarde para meninos, já se pode ver se sabem compartilhar atividades, se permitem que outra criança interfira em sua brincadeira, como lidam com isso, se toleram interferências e se isso é considerado uma atividade agradável ou não.

Para que o desenvolvimento neurológico da criança ocorra, é necessário que ela crie, e para isso ela precisa de brinquedos com os quais possa criar.

Segundo Brites, é função dos pais aprender a sentar com os filhos, olhar nos olhos deles e conhecer a individualidade de cada um. Aprender o que são letras ou números é só um resultado disso tudo.

Letras e números são somente símbolos. A criança tem de conhecer o som dessas letras e números e, para isso, ela precisa ter os pré-requisitos básicos da escuta, visando a desenvolver a escrita e a leitura. Também é importante que ela possa fazer perguntas e receber as respostas e consiga inter-relacionar os assuntos, para fazer associações e ter uma compreensão geral. Uma criança que cresce em um ambiente com carinho, amor, calma, felicidade e tranquilidade tornar-se-á um adulto responsável e empático, que sabe utilizar todas as suas relações adaptativas sociais, motoras e de linguagem, para se desenvolver plenamente em qualquer área em que estiver; será um bom pai ou mãe, um adulto capaz de criar os seus filhos do mesmo jeito que foi criado.

As políticas públicas nas escolas públicas são responsáveis pela complementação da aprendizagem das crianças em relação àquilo que elas não tiveram em casa. É importante que, na escola pública, o ambiente seja colorido, bonito, que haja diversidade de brinquedos com os quais as crianças possam criar e brincar. As escolas públicas e as políticas públicas devem acompanhar as pesquisas internacionais e nacionais que estão ocorrendo na área da educação, pois o que os pais não conseguiram dar, de alguma forma, a escola precisa estimular no aluno.

Fonseca (1999, p. 7), citando Mussen (1970), "define aprendizagem como mudança no comportamento ou desempenho em resultado de experiência. A aprendizagem ocorrerá de maneira mais satisfatória se houver motivação (necessidade ou desejo de aprendê-la) e um reforço (recompensa)".

O tutor do curso EaD tem como motivar e, de certa forma, "recompensar" o aluno EaD, validando seus argumentos e elogiando seus trabalhos, quando for o caso.

Gagné (1974, *apud* Fonseca, 1999, p. 7) fala sobre oito tipos de aprendizagem, sendo a mais simples a de sinais até a mais complexa: a aprendizagem de solução de problemas. E conclui, afirmando que o conceito de aprendizagem é bastante amplo e que a motivação é um fator importante. No caso de crianças, elas aprendem melhor quando participam ativamente do processo de ensino, e este deve respeitar sua individualidade, assim como a verdadeira potencialidade de cada uma. Com base em estudo realizado, afirma que o ambiente familiar precisa satisfazer as necessidades básicas de afeto, apego, desapego, segurança, disciplina, aprendizagem e comunicação, pois nele se estrutura a aprendizagem de estabelecer vínculos, que é a capacidade de aprender a se relacionar.

Ele faz uma reflexão, dizendo que poderia haver "maior compreensão por parte dos educadores e, por conseguinte, melhores êxitos nos seus trabalhos, se souberem algo sobre as experiências anteriores da criança, bem como as forças que atuaram sobre ela".

A equipe de coordenação, supervisores e tutores teve uma reflexão semelhante à de Fonseca, quando verificou que o processo seletivo do primeiro Curso de Resolução de Conflitos Coletivos envolvendo Políticas Públicas selecionou alunos com características diferentes das pessoas selecionadas no processo seletivo do segundo curso, a ser tratado mais adiante.

Silva (2011), no seu estudo, diz que existem muitas descobertas na área da neurociência que empolgam a sociedade, e que a escola e os professores ainda precisam estudar de que modo incorporar todo esse conhecimento.

Fulghum, no título de seu livro, diz: "Tudo que eu devia saber aprendi no Jardim de Infância" (tradução livre). Essa frase parece tão simples, tão curta, tão pequena em relação a toda a nossa vida, mas quando refletimos sobre o que aprendemos nesse período, vemos a sua real dimensão. Não somente no jardim de infância, a família também tem um papel muito importante até os 4 anos de idade em termos de afeto, convivência, compartilhamento, perguntas e brincadeiras, e é isso que dá a base para desenvolver habilidades cognitivas como memorizar, compreender, aplicar, analisar, avaliar e criar para toda a vida. Essa frase também se aplica ao que afirmam Fonseca e Dr. Brites quando se referem aos processos de aprendizagem, pois é na fase dos 0 aos 4 anos de idade que ocorre o desenvolvimento da criança e de seu cérebro, que será responsável pela aprendizagem, percepção visual, auditiva e de espaço, atenção, equilíbrio e outras atividades.

As crianças tornam-se adolescentes e depois adultos. Vão fazer vários cursos diferentes de graduação e pós-graduação, cada um com facilidades ou dificuldades distintas e próprias em relação à aprendizagem, de acordo com seu desenvolvimento intrauterino, familiar, social e escolar.

Para que haja a aprendizagem, portanto, precisa haver alguma comunicação, como Jablkowski (2015, pp. 4-6) menciona em sua aula sobre os 5 axiomas (Watzlawick), os seres humanos não podem não se comunicar, pois enviamos e recebemos simultaneamente mensagens por diferentes canais, e existem várias formas de comunicação e, consequentemente, de aprendizagem. Vejamos:

- Segundo Wikipédia, "Comunicação verbal é todo tipo de passagem ou troca de informações por meio de linguagem escrita ou falada".
- Paraverbal, segundo a Infopédia, são "aspectos não verbais da comunicação, como é o caso da entoação, o tom de voz, o ritmo do discurso etc.".
- Gestual, segundo Wikipédia: "Uma língua de sinais ou língua gestual [...] se utiliza de gestos, sinais e expressões faciais e corporais, em vez de sons na comunicação. As línguas de sinais são de aquisição visual e produção espacial e motora".
- Linguagem corporal, segundo Significados: "linguagem corporal é uma forma de comunicação não verbal, em que o corpo fala através de gestos, expressões faciais e posturas".

Jablkowski (2014, p. 7) menciona que a comunicação dita representa 40% e a não dita 60% de toda a comunicação entre as pessoas. E quando falamos em comunicação, devemos ter em conta as percepções, as perspectivas e as emoções de cada um.

Todos os alunos, de aulas presenciais ou de EaD, chegarão aos cursos com facilidades e dificuldades referentes a seu próprio desenvolvimento. Do mesmo modo, trarão seus "modelos mentais" preestabelecidos.

Anzorena (2013) fala em "modelos mentais" e os define como o conjunto de opiniões, teorias, valores, paradigmas, diferenças e crenças que adquirimos durante a vida e que estão profundamente enraizados em nossa mente. Utilizamos esses modelos para perceber, analisar e interpretar todo tipo de fenômeno e circunstâncias de nosso viver. Eles influenciam a nossa maneira de observar e compreender o mundo e a forma como nele nos situamos e atuamos.

Dessa forma, concluímos que cada aluno é único e terá sua maneira de aprender, analisar, interpretar e criar, sendo que alguns desenvolvem maior percepção visual (lobo occipital), outros possuem maior percepção auditiva, responsável pelo processamento da linguagem, dos sons das letras, da estruturação das palavras e da escuta (lobo temporal). Há, ainda, aqueles que possuem maior atenção (tronco encefálico), memória e capacidade de planejamento (lobo frontal). Não é possível, portanto, falar de aprendizagem sem falar de comunicação.

Nagy (2006) menciona uma frase de Albert Camus: "La verdadera comunicación significa salir del yo y golpear a la puerta del tu". Ela afirma que a comunicação humana se produz de forma analógica e digital, sendo que analógica seria a gesticulação e a mímica, por exemplo, e digital, a linguagem falada e escrita.

Em relação ao exposto por Jablkowski (2015), ao tratar de comunicação em EaD, é preciso incluir, na palavra verbal, a comunicação auditiva. Quando falamos em forma escrita de comunicação, gostaríamos que o aluno compreendesse e aprendesse o que estiver escrito. Com essas comunicações – verbal auditiva e escrita –, podemos gerar vínculos e relações com os alunos para que se sintam encorajados e motivados para a aprendizagem EaD e, automaticamente, desenvolvam o compromisso com o curso. Dependerá, em grande parte, das nossas comunicações como tutores e da nossa motivação, sua continuidade no curso, suas habilidades de enxergar as novas possibilidades e de compreender os novos sentidos da aprendizagem do Curso de Resolução de Conflitos Coletivos envolvendo Políticas Públicas.

A seguir, abordaremos os métodos de exposição do conteúdo utilizados no curso.

3.2 Métodos de exposição do conteúdo

Para os alunos do Curso de Resolução de Conflitos Coletivos envolvendo Políticas Públicas, o conteúdo das matérias é exposto exclusivamente por método escrito. Para eles tomarem conhecimento da apresentação do curso, seus objetivos, seu funcionamento, a duração, o programa, a avaliação e o sistema de trabalho EaD, são apresentados um vídeo e o Guia do Estudante antes da exposição do conteúdo.

3.2.1 Orientação introdutória ao curso para o aluno através do vídeo: visual, audição, leitura

O vídeo do ENAM-EaD: Resolução consensual de conflitos coletivos tem som, imagem e legendas, ou seja, pode ser escutado, assistido e lido, conseguindo, portanto, alcançar a percepção visual e auditiva do aluno. Disponível em: <https://www.youtube.com/watch?v=jLENSDPiyTk>. Acesso em: 5 set. 2016.

O aluno, na primeira semana do curso, assim que entra na plataforma, é orientado para um vídeo de apresentação de 7min56s de duração (possui um Avatar, figura criada especialmente em informática, semelhante à figura do usuário), que ele pode assistir para se familiarizar com o AVA (Ambiente Virtual de Aprendizagem). Nele, é mencionado o objetivo do curso de capacitar o aluno para identificar situações em que a solução adequada para um conflito coletivo consiste no desenvolvimento de um processo de construção de consenso, bem como em que local ele pode desenvolver um processo dessa natureza de forma eficiente e duradoura. O vídeo também o ajuda a se familiarizar com esse ambiente de aprendizagem moderno, intuitivo e de fácil navegação. Explica-lhe as atividades que terá durante o curso (como módulos temáticos, fóruns e questionários), menciona que o objetivo das tarefas de estudo e de suas avaliações é mobilizar a construção de habilidades e competências importantes para atuar na qualidade de mediador ou negociador no âmbito judicial ou extrajudicial. Menciona os benefícios para o relacionamento entre o Poder Público e os outros atores (como atores sociais e econômicos que são interdependentes), funcionando, assim, como um espaço de fortalecimento da cidadania e de desenvolvimento social, econômico e ambiental.

Mostrando a figura de um quebra-cabeça, o vídeo lembra que um conflito coletivo tem inúmeras faces, que cada um de nós é uma peça desse quebra-cabeça e que, juntos, podemos somar forças, buscar soluções que contabilizem diferentes interesses por meio de uma cultura de diálogo.

Mostra para o aluno como é a tela e onde se localiza a aba "Suporte: fale conosco", na qual existem espaços com desenhos identificando Guias de Acesso, Programas e Configurações, Como usar o Ambiente, Dúvidas Frequentes e Suporte Técnico. Dessa maneira, o aluno, se precisar, poderá se dirigir a alguma área específica da plataforma. O vídeo também mostra os ícones.

Explica que, no espaço "Ambientação", o aluno encontrará o Roteiro da Semana de ambientação, com as ações a serem realizadas. A "Sala do Café" é o espaço onde o aluno pode se apresentar e trocar ideias com seus colegas e tutor. Após isso, localiza-se o espaço "Notícias e Dúvidas", no qual serão postadas notícias, e os alunos poderão postar suas dúvidas gerais.

No espaço "Material de Estudo e Apoio", o aluno encontra a Biblioteca na qual estão todos os módulos em formato pdf, assim como o ícone Guia do Estudante. É explicado que os módulos temáticos, nesta primeira semana, ainda não estão visíveis, mas que estão estruturados de acordo com o cronograma do curso e estarão disponíveis em suas devidas datas. Isso pode ser conferido no Guia do Estudante.

Como modelo, é mostrado o guia do módulo I para servir de base para todos os demais. Cada módulo tem o seu Roteiro do Módulo, que servirá para orientar o aluno em suas atividades, para que ele tenha êxito na aprendizagem referente à matéria desse módulo. "Lição" é o material de estudo no qual o aluno poderá navegar no conteúdo de forma interativa.

O "Fórum Temático" é um fórum para comunicação assíncrona, em que são desenvolvidas reflexões de conteúdos realizados naquele módulo e expressas por escrito. O "Questionário" é o local em que constam as perguntas objetivas e/ou subjetivas referentes a cada módulo e por meio das quais é avaliada a aprendizagem do aluno.

O aluno também é lembrado que o EaD exige planejamento, para que ele possa efetuar e cumprir todas as atividades e obter bom aproveitamento.

É mencionado o espaço de "Declaração de Conclusão", onde o aluno poderá obter a sua declaração, caso tenha alcançado percentual igual ou superior a 60% de aproveitamento. Também é mencionado que o certificado de conclusão do Curso será emitido pela Escola Nacional de Mediação e Conciliação (ENAM).

São feitos alguns lembretes, como ler o Guia do Estudante e respeitar os prazos das atividades para garantir um bom desempenho no curso. O aluno é informado de que terá o acompanhamento de um tutor ou tutora, de que as dúvidas serão esclarecidas no AVA nos fóruns e por meio de mensagens e de que ele poderá contar com seu(sua) tutor(a).

Explica-se ao aluno que esse Curso faz parte de um projeto maior da ENAM que é a cultura do diálogo para incentivar os cidadãos a participar ativamente, quando possível, do debate e da construção de soluções para os problemas cotidianos.

3.2.2 Orientação para o aluno do início ao final do curso: O Guia do Estudante – leitura

O Guia do Estudante explica os objetivos, a metodologia adotada e as formas de avaliação, além de orientar o aluno na EaD, pois essa modalidade de ensino exige rotina de estudos, conscientização e responsabilidade pelo processo interativo colaborativo da elaboração do conhecimento, pela sua própria aprendizagem, disponibilidade de tempo, entre outros. Contém instruções importantes para o aluno, referentes às etapas a serem cumpridas, para que ele tenha êxito na capacitação do curso. Faz uma apresentação geral, informando a carga horária e o período a ser realizado. Mostra o plano de ensino, módulo por módulo, e discorre sobre a composição dos participantes. O Guia informa ao aluno a metodologia de ensino utilizada que focaliza o seu potencial reflexivo, característico dos cursos EaD; ele lê a matéria, reflete, pode retomar a leitura e somente depois responde, por escrito ou mesmo por outra via, caracterizando-se por uma forma assíncrona de comunicação. Informa o aluno de que existe uma relação entre a teoria e a prática durante o curso, que existe interdisciplinaridade, contextualização e flexibilização, além de uma diversidade sociocultural como recurso central no processo de ensino e aprendizagem.

Apresenta os recursos instrucionais a serem utilizados durante o curso, assim como o Ambiente Virtual de Aprendizagem (AVA), Mensageiros, Fórum de Dúvidas, Fóruns Temáticos, Biblioteca Virtual, Fórum de Notícias, Sala do Café, Lições, Recursos Humanos, como o aluno será acompanhado, a equipe, a coordenadora pedagógica, a subcoordenadora, a supervisora e a tutora e as funções de cada um. Além disso, apresenta o conteúdo pragmático, o cronograma do curso, com os módulos, a carga horária média estimada que o aluno precisará despender para efetuar o módulo, as atividades e os períodos, as semanas no calendário.

Mesmo já havendo sido mencionada, no início do Guia do Estudante, novamente é feita uma recomendação ao aluno quando o Guia do Estudante fala em estratégias de ensino-aprendizagem e aprendizagem em EaD no Curso de Resolução de Conflitos Coletivos envolvendo Políticas Públicas. As características em relação ao aluno EaD levantadas são: responsabilidade, organização de tempo, automotivação, definição de ritmo de estudos, autonomia, criticidade, valorização da atuação em sala com seus colegas de turma e respeito mútuo. Faz algumas recomendações quanto à "netiqueta" e menciona alguns pontos necessários para o aluno ter êxito, como ler o Roteiro de Atividades atentamente, acessar o ambiente do curso todos os dias, utilizar todos os espaços de discussão e construção colaborativa, manter contato com o seu tutor, elaborar um planejamento dos estudos, informar o tutor sobre quaisquer dificuldades, evitar que as atividades se acumulem e utilizar todo o material da biblioteca.

Introduz ao aluno as atividades de socialização, os estudos e a avaliação da aprendizagem. O Guia do Estudante explica que a avaliação é formativa: "A partir dessa perspectiva, a avaliação deixa de ser mero instrumento de aferição do conhecimento e passa a atuar de forma contínua no processo de ensino e aprendizagem".

Serão observados fatores como: a participação, a leitura de textos, a reflexão crítica, a coerência com o assunto e o conteúdo abordados, a interatividade com os colegas e os tutores, a responsabilidade pela própria aprendizagem e as contribuições para a aprendizagem coletiva, bem como a participação nos fóruns e nos *chats*, a realização de todas as atividades (para um ótimo aproveitamento no curso) e a realização das atividades dentro dos prazos. São avaliadas as atividades com as correspondentes explicações: o questionário, o fórum de discussão, a lição constando um quadro com a pontuação máxima que o aluno pode atingir em cada atividade do total de cem pontos.

O Guia ainda informa sobre a obtenção da certificação e da declaração de conclusão do curso, assim como sobre o procedimento de seu desligamento e a revisão de nota.

O aluno que, na primeira semana, entrou na plataforma "Moodle", assistiu ao vídeo e leu o Guia do Estudante, está informado sobre os métodos de aprendizagem que ocorrerão durante o curso, assim como sobre sua avaliação.

3.2.3 Leitura de lição: leitura

Segundo o Guia do Estudante (p. 21), a leitura da lição é a matéria referente ao assunto de cada módulo. A leitura da lição é o 1º método de exposição visual de conteúdo com o qual o aluno se depara; ele encontra uma tela em que consta o texto principal e, ao terminar essa leitura, aperta uma aba para a "próxima tela".

Algumas telas são interativas, têm ícones em que o aluno pode clicar e obter mais informações sobre o assunto, em que deve prestar atenção e refletir. O aluno avança ou pode retroceder na leitura e, ao finalizar, receberá a pontuação e a nota referentes à porcentagem relativa à sua leitura.

O aluno também poderá rever a lição, num arquivo em formato pdf, disponível em sua "biblioteca". No material em pdf, os ícones estão abertos, uma vez que não é possível clicar no texto em formato pdf para abrir um ícone.

O aluno lê sobre situações concretas nos EUA em que foram aplicadas as metodologias estudadas no curso. Por meio da experiência de terceiros, ele pode constatar as consequências quando existe alguma falha na prática de alguma das etapas, como a falta de sessões públicas e de assiduidade de alguma representação, não havendo possibilidade de um desenvolvimento contínuo de consenso, podendo as partes voltarem a discordar do que já haviam acordado, a inexperiência dos mediadores ou ainda a falta de capacidade de trabalho em equipe. O aluno também tem notícia de algumas experiências pioneiras da aplicação do método no Brasil em Resolução Consensual de Conflitos Coletivos envolvendo Políticas Públicas.

3.2.4 Fóruns de Discussão: leitura, escrita e interativo

Este método exige uma leitura atenta do texto, assim como do assunto a ser debatido. O aluno precisa ter compreendido a matéria apresentada no módulo correspondente ao fórum para refletir sobre a pergunta ou tema a ser debatido. Isso exige várias habilidades cognitivas, como memorizar, compreender, aplicar, analisar, avaliar e criar. Quando o aluno tem um conhecimento mais abrangente ou vai pesquisar sobre o tema, a criatividade na discussão e o interesse de todos são estimulados. É uma atividade interativa, uma vez que tanto alunos como tutores participam.

3.2.5 Resolução de questões objetivas: leitura

Pela leitura das questões que o aluno tem para responder, ele muitas vezes retorna à leitura da lição, ou seja, trata-se de uma revisão de conteúdo feita pelo próprio aluno e promove a memorização do assunto estudado para a resolução de questões, no intuito de encontrar a alternativa correta.

3.2.6 Resolução de questões dissertativas: leitura e escrita

Neste método, o aluno, como no item anterior, por meio da leitura das questões e de sua tentativa de resolução, retorna à leitura da lição, tornando-se essa uma revisão e memorização do assunto estudado. Ele precisa escrever com suas próprias palavras a resposta, o que exige compreensão, aplicação, análise, avaliação, criatividade e capacidade de se expressar pela escrita.

3.2.7 Formulação de perguntas em sessões privadas, leitura de um caso fictício de conflito coletivo: leitura, escrita e interativo

O aluno faz a leitura de um caso fictício de um conflito coletivo que, no Curso 1, corresponde ao texto (Anexo 1), cujo conflito é o seguinte:

> Em um bairro rural, no interior do Rio de Janeiro, existe uma pedreira explorada por uma empresa familiar, que emprega a maior parte dos moradores do lugar. Após alguns anos de produção, algumas pessoas passaram a apresentar sintomas físicos decorrentes do trabalho insalubre. A morte de uma criança de 4 anos com quadro grave de asma, supostamente devido à convivência crônica com a atmosfera gerada pela exploração da pedreira, mobilizou a comunidade a reunir-se na Associação de Moradores e a formar uma comissão para reivindicar seus direitos. Orientados por um advogado, seus representantes solicitaram a interferência da Prefeitura e dos órgãos ambientais, além da ajuda de uma ONG dedicada a questões ambientais.

O objetivo é a facilitação do diálogo envolvendo a pedreira, a Prefeitura, os órgãos ambientais, uma ONG e os atores comunitários.

No Curso 2, o conflito coletivo corresponde ao texto (Anexo 2), cujo conflito é:

Em janeiro de 2014, 30 famílias brasileiras que viviam do lado boliviano das margens do Rio Solimões voltaram para o lado brasileiro devido a conflitos pelo uso do solo. As 21 crianças em idade escolar destas famílias precisavam se matricular em Estudantina, mas as aulas já haviam começado e não havia vagas. O caso mais complexo era o de Joanderson Silva, cadeirante, de 14 anos de idade e 100 quilos, já que a região era frequentemente alagada pelas cheias do rio e, por isso, todas as escolas eram construídas como palafitas, em altura que requeria escadas de acesso. Até então, não havia nenhuma outra criança cadeirante tentando estudar em Estudantina, mas a mãe de Joanderson, Dona Joaninha, insistia que o filho tinha direito a estudar e requeria providências.

O objetivo da facilitação de diálogo envolve o Prefeito, o Procurador do Município, a Secretaria Municipal de Educação, o Ministério da Educação, os representantes de manifestantes, a ONG e a mãe de um menino. O aluno escreve perguntas no fórum que o outro colega do mesmo grupo lê, simulando uma comediação, às partes em sessões privadas, como se ele estivesse numa sessão privada real. Antes disso, ele necessita rever a matéria do respectivo módulo e também dos anteriores para poder utilizar as ferramentas e o conhecimento anteriormente adquiridos.

Essas perguntas precisam ser abertas ou amplas e outras fechadas que propiciem a identificação dos interesses legítimos de cada grupo e para que se possa dissociar as posições dos interesses. O objetivo das perguntas é que, com suas respostas, o aluno possa identificar as necessidades de cada parte, dar sugestões e opções para a solução do conflito, identificar pontos de consenso e pontos de divergência, prever a necessidade futura de estudos técnicos, obter o consentimento das partes para participação em reuniões futuras e identificar outras partes importantes que também devem participar da mediação.

Esse método de exposição de matéria é também uma forma visual de aprendizagem que exige a revisão de matéria, a compreensão, a aplicação, a análise, a avaliação, a criatividade, a capacidade de se expressar pela escrita e, acima de tudo, uma mudança de paradigma do aluno em termos de fazer perguntas. Somente se ele estiver aberto a escutar, conseguirá fazer perguntas abertas e amplas.

Nesse sentido, a realização do exercício de conflito fictício de formulação de perguntas, numa sessão de mediação simulada, torna-se um método de aprendizagem prático e vivencial, fortalecendo a compreensão das sessões privadas com os envolvidos no conflito.

3.2.8 Relatório do diagnóstico e planejamento do processo de resolução consensual de um conflito: leitura, escrita e interativo

Ao realizar o relatório de diagnóstico e planejamento, o aluno faz uma revisão geral de todo o material estudado, uma vez que ele engloba tudo o que foi visto durante o curso. Por meio da leitura do caso de conflito coletivo fictício e da formulação de perguntas em comediação em sessões privadas pelo aluno, e respondendo (como uma das partes) as perguntas de outros mediadores, ele e sua equipe redigem o relatório de diagnóstico e planejamento do processo consensual do conflito coletivo fictício.

Tanto no Curso 1 como no Curso 2 foi utilizado o mesmo caso fictício. Os alunos leram o caso (Anexo 3) que trata da instalação de uma usina hidrelétrica que alagará uma área grande de terras. O objetivo dos mediadores é a facilitação de diálogo envolvendo FUNAI (Fundação Nacional do Índio), IBAMA (Instituto Brasileiro do Meio Ambiente e dos Recursos Naturais), ANEEL (Agência Nacional de Energia Elétrica), Ministério de Minas e Energia, ICMBio (Instituto Chico Mendes de Conservação da Biodiversidade), ELETRONORTE (Centrais Elétricas do Norte do Brasil S/A), SOS Amazônia, lideranças indígenas, os representantes de seis latifundiários afetados, o Ministério Público Federal, o Estado do Pará, o Prefeito e o Procurador-Geral de Indiópolis (cidade fictícia) e o Prefeito e o Procurador-Geral de Pecuariópolis (cidade fictícia). Os alunos fizeram as perguntas, como no exercício anterior, porém, desta vez, também responderam como parte as perguntas de outro grupo. Depois, cada grupo leu todas as respostas das sessões individuais, também chamadas privadas, e junto com as informações fornecidas pelo caso preparou um relatório de diagnóstico e planejamento do processo de resolução consensual de um conflito. As características das perguntas são as mesmas do exercício anterior, e os objetivos também. Com as respostas de todas as sessões individuais, os alunos prepararam o relatório correspondente à fase do diagnóstico/planejamento do conflito coletivo contendo (Souza, Fórum, Exercício 3):

> [...] local, horários e frequência das reuniões; como serão convocadas as reuniões; como serão realizadas as atas; como se dá o relacionamento com a imprensa e a participação da comunidade em geral; quem serão os representantes de cada um dos atores e como se dá o processo de ratificação do possível acordo; pontos de convergência e de divergência já levantados, a fim de definir o escopo da negociação; informações já disponíveis e quais delas deverão ser compartilhadas no início do processo; necessidade já identificada de eventuais estudos técnicos; minuta de protocolo de conduta para as partes durante a negociação.

O diagnóstico abrange a descrição dos fatos, dos interesses e das necessidades das partes, suas sugestões e as opções para a solução do conflito, a identificação de pontos de consenso e pontos de divergência, a necessidade de estudos técnicos no futuro e outras partes que devem ser chamadas.

Essa tarefa é feita em grupo com a participação de todos os integrantes, e a comunicação ocorre por meio dos fóruns ou por mensagens e, assim, os alunos confeccionam o relatório final.

Esse método também é uma forma visual de aprendizagem, que exige revisão de matéria e várias habilidades cognitivas como o exercício anterior de formulação de perguntas e respostas. São elas: compreensão, aplicação do conhecimento, planejamento, análise, avaliação crítica, criatividade, capacidade de se expressar pela escrita e de trabalhar em grupo.

Porém, se o aluno tiver uma percepção visual menos desenvolvida, como explorado anteriormente por Brites, e uma percepção auditiva mais desenvolvida, ele não poderá usufruir do curso da mesma maneira que um aluno com percepção visual maior.

Como, em resolução consensual de conflitos coletivos envolvendo políticas públicas, normalmente se trabalha em equipe, cada mediador tem alguma característica diferente que poderá ajudar e complementar na mediação. Escutar é muito importante na mediação, portanto a percepção auditiva é fundamental.

No curso de mestrado (Curso EaD Maestría y Diplomatura 2014), cada módulo vem acompanhado de um vídeo em espanhol e a tradução em português é somente em áudio. Todas as aulas de vídeo também possuem uma exposição escrita, que é a apresentação dos correspondentes *slides* em forma de *Power Point*®.

O questionamento é se seria possível introduzir, em futuros cursos EaD de Resolução Consensual de Conflitos Coletivos envolvendo Políticas Públicas, um método de exposição de conteúdo auditivo, para uma aprendizagem também em nível auditivo, em forma de vídeo, para que pessoas com maior percepção auditiva e menor percepção visual pudessem aproveitar o curso da mesma forma que as de maior percepção visual.

4. O aluno de cursos EaD

As **matrículas** de licenciatura e bacharelado em cursos superiores tecnológicos **EaD** já correspondem a **mais de um milhão**, de acordo com o último Censo da Educação Superior, divulgado em 2013.

De acordo com o Censo da Educação Superior de 2010, "as matrículas nos cursos a distância chegam a 14,6% do total de matrículas dos cursos de graduação no Brasil". Segundo esta fonte,

> [...] a faixa etária presente na modalidade a distância também difere do ensino presencial. Nos cursos a distância, 50% dos alunos têm até 32 anos, 25% tem até 26 e 25% têm mais de 40 anos. A média de idade dos cursos a distância é 33 anos, enquanto nos cursos presenciais essa média é de 26 anos. Pode-se concluir, com isso, que a educação a distância atende pessoas de uma faixa etária superior à das pessoas dos cursos presenciais.

No Capítulo 2, foi mencionado o critério de seleção dos alunos no Curso de Resolução de Conflitos Coletivos envolvendo Políticas Públicas.

Segundo O'Rourke (2003, pp. 14-21), o aluno EaD escolhe o curso de ensino a distância devido a fatores como: a acessibilidade, as situações sociais, estruturais ou pessoais e a flexibilidade. A flexibilidade física permite-lhe estudar quando e onde mais lhe convier. A flexibilidade de aprendizagem implica poder estudar a matéria na ordem apropriada às suas necessidades. Essa última é menos usual, pois a estrutura dos programas costuma ser mais rígida.

A autora (ibid., p. 22) também faz menção às características e às implicações do aluno EaD:

1. Como são adultos e têm compromissos profissionais e familiares, terão pouco tempo para estudar;
2. Seus objetivos de aprendizagem normalmente são claros e, portanto, esforçam-se mais para alcançar os seus objetivos;
3. Pode ser que já faça algum tempo que não estão mais estudando, por isso precisam de alguma orientação quanto aos processos de aprendizagem formal e EaD;
4. Podem não ter acesso fácil a bibliotecas ou a outras fontes acadêmicas, precisam que o material de estudo lhes seja disponibilizado pelo envio nas bibliotecas;
5. Muitas vezes querem saber como aquele aprendizado pode ajudar na sua vida profissional, por isso estão mais motivados para continuar a estudar e explorar o aprendizado em situações profissionais ou da vida.

Segundo Schnitman (2010, pp. 2-3), é importante conhecer o perfil do aluno que opta pela modalidade, seus anseios, motivações e dificuldades. Isso facilita a estratégia didático-pedagógica, assim como a criação de processos avaliativos adequados, diminuindo, quem sabe, a evasão. Para Laaser (1997, *apud* Schnitman, 2010), os alunos em EaD têm formações e necessidades diversas, e os tutores nem sempre têm os recursos e o tempo necessários para obter todas as informações sobre os seus alunos.

A autora também menciona que o EaD pressupõe estudo e disciplina, e oportuniza educação para as mais diversas classes sociais. Isso significa que o aluno em EaD vem de diferentes origens, culturas, e possui hábitos e experiências diversas.

Os educadores na docência presencial, assim como na EaD, enfrentam desafios no planejamento dos recursos para exploração do potencial de seus alunos.

Schnitman (2010, pp. 5-7) refere-se a várias teorias que explicam os estilos de aprendizagem, entre elas a de Kolb: Divergente – Ativo, Convergente – Reflexivo, Assimiladores – Teórico, Acomodadores – Pragmáticos e o de Felder/Silverman, que classifica estilos de aprendizagem em quatro dimensões, com dois estilos de aprendizagem opostos em cada uma:

- Ativo: aprende na prática, gosta de trabalhar em grupo;
- Reflexivo: aprende refletindo, prefere trabalhar só;
- Racional: concreto, prático, busca os fatos e os procedimentos;
- Intuitivo: conceitual, busca os significados e as teorias e é inovador;
- Visual: prefere a representação visual da aula (diagramas, fotografias, fluxogramas);
- Verbal: prefere as explicações escritas e faladas;
- Sequencial: aprende pela execução;
- Global: pensamento sistêmico, holístico de pequenas etapas, linear e ordenado, aprende por *insights*.

Ainda segundo Schnitman (2010, pp. 5-7), ter conhecimento deste modelo de Felder/Silverman se mostrou valioso para trabalhar com os recursos midiáticos e a apresentação do conteúdo e do planejamento dos cursos EaD para o aluno.

A autora conclui que os educadores precisam prestar atenção às diferenças individuais dos alunos. Como ponto de partida, eles devem explorar as suas preferências, e assim trazer uma discussão sobre melhores estratégias didáticas (Felder, 1996).

Segundo Tonieto e Machado (2005, p. 3, citando Moore e Kearsley, 1996, p. 163), vários fatores extracurriculares podem afetar positiva ou adversamente o desempenho do aluno em EaD, dentre os quais o trabalho (estabilidade, responsabilidade), a família, a saúde, os interesses e as obrigações. Para os autores, quanto mais graduado o aluno, maior a chance de ele completar com sucesso o curso.

Tonieto e Machado (2005, p. 7) concluem que o aluno interessado em cursos EaD deve ser disciplinado, independente e persistente.

Segundo Serafini (2012, p. 64), o que é muito importante é o aluno em EaD ter autonomia. Silva (2003, *apud* Serafini, 2012, p. 64) afirma que essa autonomia se refere ao desenvolvimento de competências específicas, como processo de aprendizagem, em um regime de maior solidão do que no de ensino presencial.

A autora afirma que a autonomia não depende exclusivamente do aluno e de suas características individuais, mas é muito mais ampla e depende, também, da metodologia adotada, do material didático, do professor (tutor) e das tecnologias de comunicação e informação empregadas. Freire (1997, *apud* Serafini, 2012, p. 69) afirma que:

> A pedagogia libertadora freireana supõe um ensino voltado ao diálogo, à liberdade e a uma busca constante do conhecimento participativo e transformador, em que o ser humano é entendido como sujeito de sua própria aprendizagem, e não como mero objeto passivo e heterônomo diante do saber.

Serafini (2012, p. 74) cita Freire e afirma: "ao nos apresentar uma pedagogia da autonomia, de formato contemporâneo, já nos levava a repensar o papel do educador, principalmente, hoje, como parte desse novo contexto que emerge com o avanço acelerado das tecnologias". E complementa:

> [...] vai ficando cada vez mais claro que, embora diferentes entre si, quem forma se forma e reforma ao formar, e quem é formado forma-se e forma ao ser formado. É neste sentido que ensinar não é transferir conhecimentos, conteúdos nem formar: é ação pela qual um sujeito criador dá forma, estilo ou alma a um outro corpo indeciso e acomodado. [...] Quem ensina aprende ao ensinar, e quem aprende ensina ao aprender (Freire, 1997, p. 25).

Serafini (2012, p. 74) menciona ainda que, para o processo da construção da autonomia do aluno, é necessária a figura do professor "interativo", que se dedica mais a doar seu tempo para criar condições que permitam aos alunos adquirir os conhecimentos, auxiliando-os a alcançar uma autonomia cognitiva.

No Guia do Estudante ENAM, Curso 1 (2014, p. 9) e Curso 2 (2014, p. 11), o aluno pode verificar quais as metodologias usadas nos Cursos 1 e 2.

Elas fortalecem o papel do cursista, focalizando seu potencial reflexivo e argumentativo na construção de seu processo de aprendizagem, não apenas alguém que recebe informações, mas que as processa e as transforma em conhecimentos, que indaga, critica e busca respostas constantes aos questionamentos que são apresentados.

Entre os princípios do curso, consta a "Promoção da autonomia dos participantes".

Quando falamos em métodos de exposição de conteúdo no Capítulo 3, mencionamos que os Cursos 1 e 2 contaram com exposição escrita. No Capítulo 6, apresentaremos um estudo da porcentagem da leitura das lições, mas não se sabe quantos leram o Guia do Estudante para sabermos se os alunos estão informados, entre os princípios do Curso, sobre a promoção da autonomia dos participantes.

O nosso aluno foi selecionado por critérios explicitados no edital, mas nada se sabe em relação a sua fase de aprendizagem, a suas facilidades ou às dificuldades que possa ter tido, pois não conhecemos o passado dos alunos.

Como já foi relatado, todos receberam as informações sobre a carga horária, o programa e as atividades, que tanto foram descritas no edital no momento da inscrição, como também explicitadas no Guia do Estudante.

Será que todos sabem efetivamente qual a dedicação, a disciplina, a independência, a persistência e o comprometimento necessários e esperados de um aluno em EaD no Curso de Resolução Consensual de Conflitos Coletivos envolvendo Políticas Públicas?

Rodrigues (2012, para. 1, 3) menciona que a evasão é o maior problema nos cursos EaD, sendo que a causa principal apontada seria a falta de tempo para estudar e participar. Em segundo lugar, cita o acúmulo de atividades do trabalho, depois vêm fatores como: a falta de adaptação à metodologia, o desemprego, as viagens de trabalho, o custo de matrícula ou mensalidade (o que não se aplica ao Curso de Resolução Consensual de Conflitos Coletivos envolvendo Políticas Públicas, uma vez que esse curso foi gratuito) e os impedimentos criados pelas chefias, entre outros. Detalharemos esses motivos na Tabela 2 mais à frente.

Segundo Vianney (2012, como referido em Rodrigues, 2012, para. 4), o primeiro semestre é o período de evasão de alunos em EaD. Podemos comparar este primeiro semestre aos primeiros módulos dos Cursos 1 e 2. Ele explica isso dizendo que ainda há o imaginário de que é possível aprender sem esforço no EaD, o que não é verdade, e que os alunos têm de dedicar entre 12 a 15 horas de estudos semanais para aprender, o que equivale à carga horária exigida em uma faculdade presencial.

Xanthopoylos (2013, como referido em Mattos, 2013, para. 1) afirma que o ideal é que o acesso às aulas seja diário, para estabelecer um ritmo. Mattos menciona Correa, que afirma ser preciso ter foco para ter sucesso no curso EaD. Não é porque se eliminou o deslocamento diário até a escola que o ensino é mais fácil. O aprendizado e a organização são de responsabilidade do aluno. De acordo com seu ponto de vista, é fundamental ser proativo e ter autonomia nos estudos sem precisar ser cobrado por isso.

Para Mattos (2013, para. 5), a leitura e a interpretação são pontos relevantes no processo.

> Tal qual ocorre nos cursos presenciais, é comum que alunos sem o hábito de ler e escrever apresentem dificuldades para interpretar as informações e se expressar. [...] A familiaridade com a leitura faz com que o estudante não se sinta sobrecarregado ao se deparar com textos densos e extensos, comuns em algumas carreiras na graduação e na pós-graduação.

Segundo Almeida (2013, como referido em Mattos, 2013, para. 7), alguns alunos reclamam do volume de tarefas e gostariam de um ritmo menos intenso e maiores prazos para realizarem suas tarefas.

No Curso 1, estava programado que o aluno deveria alocar 35 horas para realizar o curso. Com os pedidos de reclamações de volume de tarefas recebidos, a coordenação fez algumas alterações para a programação do Curso 2, aumentando a estimativa de carga horária para 50h para o aluno e distribuindo os exercícios simulados de mediação em dois módulos, em vez de concentrar todos em um único módulo.

São causas de evasão de acordo com as instituições brasileiras de ensino superior em EaD:

Tabela 2: Causas da evasão

Causas	Cursos autorizados	Cursos livres	Total
Falta de tempo para estudar e participar	42	21	63
Acúmulo de atividades no trabalho	36	14	50
Falta de adaptação à metodologia	30	11	41
Desemprego	15	6	21
Viagens a trabalho	13	3	16
Custo de matrícula ou mensalidade	13	1	14
Impedimentos criados pelas chefias	1	1	2

Fonte: Censo Ead.br 2010.

O aluno que se inscreveu nos Cursos de Resolução Consensual de Conflitos Coletivos envolvendo Políticas Públicas já tem um diploma universitário e já trabalha, uma vez que no edital isso estava previsto.

Não conhecemos as facilidades ou as dificuldades de aprendizagem desse aluno, mas, por outras pesquisas, o fator tempo parece ser importante, assim como o fator dedicação.

No 1º Curso, havia 576 alunos inscritos e 212 tiveram média igual ou acima de 60% de aprovação, o que significa que 37% dos alunos foram aprovados. Vinte destes 576 alunos nunca acessaram a plataforma do curso, tampouco leram alguma lição, o que corresponde a 3% dos alunos.

No 2º Curso, havia 1.008 alunos inscritos, e 322 tiveram média igual ou acima de 60%, o que significa 31,9% de aprovação. Do total de 1.008 alunos, 236 nunca acessaram a plataforma e não leram nenhuma lição, o que corresponde a 23% dos alunos.

No 1º Curso, os alunos faziam os exercícios práticos independentemente de terem completado as leituras e as questões anteriores, e muitos acabaram atingindo a nota para passar devido ao fato de que os exercícios eram feitos em grupo, e a nota era a mesma para todos os participantes. Houve uma alteração de critério do primeiro para o segundo curso em relação a quem poderia realizar os exercícios práticos.

No 2º Curso, houve uma restrição para quem não havia feito as leituras e não havia respondido às questões. O que pode ser uma das razões de ter havido uma aprovação menor, 31,9% em relação ao 1º Curso, no qual a aprovação foi de 37%.

Não sabemos os motivos pelos quais alguns alunos nunca acessaram a plataforma. As hipóteses são: gratuidade, falhas no processo seletivo e, talvez, as pessoas não terem lido o edital.

5. Papel do tutor EaD

"O tutor é uma pessoa que assume diversos papéis e cujo objetivo principal é o acompanhamento do estudante em seus esforços de aprender".
Oreste Preti (2003)

Carvalho (2007, p. 1) afirma que

Os professores que atuam na educação a distância desempenham múltiplos papéis e, ao contrário do senso comum, são imprescindíveis para o sucesso na aprendizagem do aluno. A complexidade no processo de ensino-aprendizagem na modalidade a distância reside na interação entre professores, tutores, ferramentas tecnológicas e alunos.

Segundo o autor, os professores-tutores, formam uma equipe multidisciplinar ao assumirem papéis diversos, desde gestão administrativa até o professor virtual. Esses professores "são produtores quando elaboram suas propostas de cursos; conselheiros quando acompanham os alunos; parceiros quando constroem com os especialistas em tecnologia abordagens inovadoras de aprendizagem" (Carvalho, 2007, p. 4, *apud* Authier, 1998). Esse professor precisa conhecer a tecnologia utilizada. Para conseguir passar o conteúdo por outras mídias, ele precisa ter mudança de atitude frente ao novo.

A autora utiliza as categorias propostas pela Secretaria de Educação a Distância (SEED) do Ministério da Educação, adotadas pela maioria das universidades públicas que trabalham com EaD, para designar o tutor e professor em EaD.

O tutor é o professor que atende o aluno diretamente no polo, orientando-o na execução de suas atividades, auxiliando-o na organização do seu tempo e dos seus estudos. Geralmente ele apresenta uma formação generalista vinculada à área do curso e não a uma determinada disciplina. Uma das atribuições do tutor é tirar as dúvidas dos alunos em relação aos conteúdos apresentados, mas precisamos considerar que, dependendo da disciplina ou do conteúdo, esta tarefa poderá não ser desempenhada com sucesso. O tutor é a figura mais próxima dos alunos, e o relacionamento entre estes dois grupos é sempre estruturado em um grau de afetividade bastante considerável.

Em todos os estudos sobre EaD é consenso a importância do papel da tutoria no sucesso da aprendizagem e na manutenção destes alunos no processo. Em alguns casos, verifica-se que o papel do tutor é mais importante do que o material utilizado ou as plataformas de aprendizagem disponíveis. A questão preponderante aqui é: se o papel do tutor é tão essencial ao processo de EaD, por que razão alguns projetos o colocam em um plano menos importante? Para exercer o papel da tutoria, podemos contratar alunos dos cursos de graduação ou professores recém-formados, sem experiência como professores? Quais são os requisitos fundamentais para a função de tutor? Segundo Belloni (2000), algumas capacidades, tais como orientar a aprendizagem, motivar o aluno, conhecer as ferramentas tecnológicas, ser aberto a críticas, entre outras, são essenciais ao bom desempenho de um professor em EaD. O perfil do tutor de um curso a distância exige algumas características que não estão relacionadas apenas com uma competência objetiva. São aspectos relacionados ao relacionamento interpessoal e à compreensão de educação que cada indivíduo constrói internamente. Não basta apenas um discurso motivador e uma proposta de trabalho enfocando a construção do conhecimento de forma conjunta com o aluno. É fundamental que este professor adquira ou desenvolva habilidades de relacionamento interpessoal que valorizem um processo de formação flexível, com abertura para o diálogo e negociação constantes durante a aprendizagem.

Machado e Machado (2004) mostram uma tabela comparativa entre professor e tutor em aulas presenciais e em aulas EaD:

Tabela 3: Paralelo entre as funções do pofessor e do tutor

EDUCAÇÃO PRESENCIAL	EDUCAÇÃO A DISTÂNCIA
Condução pelo professor.	Acompanhamento pelo tutor.
Predomínio de exposições o tempo inteiro.	Atendimento ao aluno, em consultas individualizadas ou em grupo, em situações em que o tutor mais ouve do que fala.
Processo centrado no professor.	Processo centrado no aluno.
Processo como fonte central de informação.	Diversificadas fontes de informações (material impresso e multimeios).
Convivência, em um mesmo ambiente físico, de professores e alunos o tempo inteiro.	Interatividade entre aluno e tutor, sob outras formas, não descartada a ocasião para os "momentos presenciais".
Ritmo de processo ditado pelo professor.	Ritmo determinado pelo aluno dentro de seus próprios parâmetros.
Contato face a face entre professor e aluno.	Múltiplas formas de contato, incluída a ocasional face a face.
Elaboração, controle e correção das avaliações pelo professor.	Avaliação de acordo com parâmetros definidos, em comum acordo, pelo tutor e pelo aluno.
Atendimento, pelo professor, nos rígidos horários de orientação e sala de aula.	Atendimento, pelo tutor, com horários flexíveis, lugares distintos e meios diversos.

Fonte: SÁ, Iranita. *Educação a Distância:* Processo Contínuo de Inclusão Social. Fortaleza: CEC, 1998, p. 47.

Machado e Machado (2004), citando Sá (1998, p. 46), afirmam que "exige-se mais do tutor do que de cem professores convencionais", pois aquele necessita ter uma excelente formação acadêmica e pessoal. Na formação acadêmica, pressupõem-se capacidade intelectual e domínio da matéria, destacando-se as técnicas metodológicas e didáticas. Além disso, o tutor deve conhecer com profundidade os assuntos relacionados à matéria e à área profissional em foco. Habilidades para planejar, acompanhar e avaliar atividades, bem como para motivar o aluno para o estudo também são relevantes. No que diz respeito à formação pessoal, deve ser capaz de lidar com o heterogêneo quadro de alunos e ser possuidor de atributos psicológicos e éticos: maturidade emocional, empatia com os estudantes, habilidade de mediar questões, liderança, cordialidade e, especialmente, capacidade de ouvir.

Machado e Machado (2004), citando Palloff (2002), mencionam ter o hábito de criar, nos cursos em EaD, um espaço comunitário no qual professores e alunos possam relaxar e conversar.

A autora menciona o professor-tutor tendo o papel de promover a interação e o relacionamento dos participantes. E, citando Maia (2002, p. 13), afirma serem necessárias as seguintes competências:

- **Competência tecnológica** – domínio técnico suficiente para atuar com naturalidade, agilidade e aptidão no ambiente que está utilizando. É preciso ser um usuário dos recursos de rede, conhecer *sites* de busca e pesquisa, usar *e-mails*, conhecer a "netiqueta", participar de listas e fóruns de discussão, ter sido mediador em algum grupo (*e-group*). O tutor deve ter um bom equipamento e recursos tecnológicos atualizados, inclusive com *plug-ins* de áudio e vídeo instalados, além de uma boa conexão com a *web*. O tutor deve ter participado de pelo menos um curso de capacitação para tutoria ou de um curso *on-line*; preferencialmente, utilizando o mesmo ambiente em que estará desenvolvendo sua tutoria.
- **Competências sociais e profissionais** – deve ter capacidade de gerenciar as equipes e administrar talentos, habilidade de criar e manter o interesse do grupo pelo tema, ser motivador e empenhado. É provável que o grupo seja bastante heterogêneo, formado por pessoas de regiões distintas, com vivências bastante diferenciadas, com culturas e interesses diversos, o que exigirá do tutor uma habilidade gerencial de pessoas extremamente eficiente. Deve ter domínio sobre o conteúdo do texto e do assunto, a fim de ser capaz de esclarecer as possíveis dúvidas referentes ao tema abordado pelo autor, conhecer os *sites* internos e externos, a bibliografia recomendada, as atividades e eventos relacionados ao assunto. A tutoria deve agregar valor ao curso.

Para Souza, Spanhol, Limas e Cassol (2004), a formação do tutor requer qualidades como maturidade emocional, capacidade de liderança, bom nível cultural, capacidade de empatia, cordialidade e ser um "bom ouvinte". O autor corrobora as opiniões de Ibanez (s.d) e Aretio (1996).

Mill (2008, *apud* Velloso, Lannes e Barros, 2013, para. 13) apresenta algumas dicas para aqueles que, direta ou indiretamente, pretendem desenvolver atividades na EaD:

- Convencer-se: antes de qualquer coisa, é muito importante verificar se é exatamente esse tipo de trabalho que você deseja; a grande dedicação precisa ser contínua no processo.
- Organizar-se: a EaD demanda muita organização pessoal de tempo e de trabalho a ser executado. É importante ter muita disciplina, organização e responsabilidade, inclusive para respeitar os seus próprios tempos e espaços de trabalho e descanso. A disciplina, o planejamento e a execução do trabalho são processos obrigatórios para você vencer as intenções pedagógicas propostas.
- Disciplinar-se: ritmo e periodicidade são as chaves para não acumular trabalho. Não adie suas tarefas, divulgue seus horários de trabalho e acesse o curso regularmente (uma vez por dia, se possível); isso vai fazer a diferença, pois, embora estranho, assim trabalhará menos: não acumulará nada e seus alunos serão bem atendidos [...]
- Expressar-se: clareza na exposição de ideias é imprescindível. Busque melhorar a redação (correção gramatical, ortográfica, estrutura do texto etc.; revisite a gramática e livros de redação) e aprenda a ter objetividade nas suas explicações e/ou orientações.
- Compartilhar-se: tenha paciência com alunos e colegas e cultive o movimento de empatia (para entender o outro) e simpatia também. A sinergia e a inteligência coletiva são pontos-chave: a partilha do conhecimento, o trabalho em equipe e a pesquisa são condutas necessárias para alcançar bons resultados.
- Dedicar-se: aperfeiçoamento profissional constante e disponibilidade. Para além de teorias, repense sua formação didático-pedagógica[...]. O aluno do curso a distância parece ser mais carente,

precisa de muita atenção. Dedicação e rapidez nas respostas ao aluno evitam a evasão.
- Responsabilizar-se: não confunda EaD com trabalho fácil, pois não é: o trabalho na EaD demanda muito tempo e, por isso, organização e planejamento são importantes. Também importante é o despir-se do preconceito de que EaD não funciona [...]. Qualidade e seriedade precisam estar sempre em alta.
- Cuidar-se: prepare os olhos, as mãos, pulsos e dedos, a coluna, o espírito da esposa/marido e as alterações de humor. Reserve um tempo para o lazer, não deixe que o trabalho tome todo o seu tempo.
- Desafiar-se: aceite o desafio! Trabalhe com dedicação e empenho. Faça tudo que for possível para que os alunos não desistam do curso nas duas primeiras semanas. Se conseguir mantê-los ativos nas duas primeiras semanas, a probabilidade de esse aluno concluir o curso com êxito é muito maior. Captar o espírito da coisa é o mais desafiador, o resto acontece! Busque desenvolver a criatividade: a EaD requer criatividade no processo de tutoria.

Freire (1996, pp. 21-50), em relação ao professor, afirma que "saber ensinar não é transferir conhecimento, mas criar as possibilidades para a sua própria produção ou a sua construção" (p. 21). Segundo o autor, "ensinar exige respeito à autonomia do ser educando" (pp. 24-25); "exige alegria e esperança" (p. 29); e "exige a convicção de que a mudança é possível" (p. 39). Ele afirma, também, que "ensinar exige segurança, competência profissional e generosidade" (p. 36); "exige comprometimento" (p. 37); "exige escutar" (p. 43) e, mais ainda, "exige disponibilidade para o diálogo" (p. 50).

Para Preti (2003, p. 12), "o material didático deve ser elaborado de tal maneira que possa desenvolver o gosto pelo estudo e uma motivação favorável, a partir de uma linguagem e conversação que favoreçam os sentimentos dessa relação pessoal" aluno-tutor. Baseado em Bààth, que, por sua vez, faz referência a Garcia Arieto (1994, pp. 72-3), o autor destaca:

O sentimento de que existe uma relação pessoal entre estudantes e professores promove o prazer pelo estudo e a motivação no estudante. [...] O prazer intelectual e a motivação pelo estudo são favoráveis à consecução de metas de aprendizagem e no uso de processos e meios adequados a estes fins. (2003, p. 13)

Ele finaliza afirmando que qualquer programa em EaD terá sucesso se conseguir adaptar-se ao contexto, ao tema, à situação, aos objetivos de aprendizagem e ao aluno.

5.1 O papel do tutor nos Cursos abordados neste trabalho

Nos 1º e 2º Cursos de Resolução Consensual de Conflitos Coletivos envolvendo Políticas Públicas, todos os tutores eram formados em mediação, tinham competências tecnológicas e foram fazer uma atualização específica sobre o funcionamento da plataforma Moodle na Universidade de Brasília; leram o material e responderam a todas as questões antes de o Curso 1 começar.

O 1º Curso contou com 576 alunos e 11 tutores; o 2º Curso contou com 1.008 alunos e 18 tutores. Cada tutor teve ao seu cuidado, em média, 55 alunos; em ambas as situações, esta pesquisadora teve 56 alunos.

Preti (2003, p. 13) menciona que o papel principal do tutor consiste em acompanhar o aluno em seus esforços para aprender. O tutor, nos cursos abordados neste trabalho, acessava diariamente o Ambiente Virtual de Aprendizagem (AVA) para interagir, de modo que os alunos não se sentissem sozinhos ou perdidos em sua turma.

Cabia ao tutor fazer a abertura dos tópicos dos fóruns e dar as boas-vindas aos iniciantes, incentivar sua participação, enviar mensagens via mensageiro e o e-mail do curso aos alunos que não possuíam entrada durante a primeira e a segunda semanas no AVA, responder às suas dúvidas em 24h durante a semana e em 48h aos fins de semana, e quando o aluno apresentava questões que não soubesse responder, levar esses questionamentos à coordenação.

Cabia-lhe diariamente entrar nos fóruns, e quando os alunos não interagiam, estimular as interações.

Seu papel era incentivá-los a participar dos fóruns, realizar a leitura das lições, fazer as atividades dos exercícios simulados e resolver as questões, mantendo-os motivados e participativos.

Para isso, o tutor deveria acompanhar os acessos dos alunos no AVA, participar nos fóruns de supervisão que tinham o objetivo de facilitar as informações e dúvidas pelos tutores, supervisores e pela coordenadora, e respeitar os prazos para os *feedbacks* e postagens das notas, pois atraso de avaliação pode gerar desmotivação.

Como mencionado por Velloso, Lannes e Barros (2013), é importante que os alunos não desistam nas duas primeiras semanas. Nesse sentido, nos cursos em questão, o tutor enviava diariamente mensagens nominais àqueles que ainda não haviam acessado a plataforma, convidando-os a participar.

O tutor deve atender ao aluno com presteza e gentileza, domínio e conhecimento do assunto, e ter a capacidade de motivá-lo e incentivá-lo. Assim, recebia da coordenação na "Biblioteca da Tutoria" (biblioteca que era de acesso exclusivo dos tutores para suporte à sua função) a orientação semanal do seu trabalho e deixava claro para o aluno que ele estava ali para ajudá-lo. Para isso, usava a seguinte frase: "Estou aqui para auxiliar-lhes no que for preciso. Contem comigo!".

A formação dos grupos para realização dos exercícios de mediação simulada era de responsabilidade do tutor, que motivava os alunos a participar. Caso algum deles não participasse, o tutor era responsável por postar as perguntas ou respostas, conforme a necessidade do grupo e do exercício.

As avaliações dos exercícios e das participações nos fóruns foram todas nominais.

A "Sala do Café" – local que pode ser comparado ao espaço "comunitário" de Pallof (2002) – era o ambiente em que as pessoas se apresentavam e no qual podiam conversar sobre assuntos não diretamente relacionados aos cursos.

No término dos cursos, a "Sala de Despedida" foi o local criado para os alunos poderem se despedir de outros alunos e também do tutor. A participação neste fórum foi facultativa e aqui era possível, ainda, deixar alguma mensagem para a coordenação.

O objetivo do curso com a presença do tutor era que o aluno se sentisse acolhido, ouvido, apoiado, motivado, orientado e incluído, para que ele não se sentisse perdido ou sozinho e conseguisse atingir o objetivo de aprender e concluir o curso. Com o "Guia do Estudante" e os tópicos postados semanalmente, o aluno recebia a programação a ser seguida, e o tutor o ajudava quando era necessário.

É possível afirmar que, nos Cursos 1 e 2 de Resolução Consensual de Conflitos Coletivos envolvendo Políticas Públicas, o tutor exerceu todas as funções descritas neste capítulo, exceto o contato ocasional "face a face", mencionado por Machado (2004), uma vez que os cursos em questão não previam encontros presenciais.

6. Metodologias para avaliar o aprendizado em EaD e as utilizadas no curso: o estudo das avaliações

6.1 Metodologias para avaliar o aprendizado em EaD

No ensino presencial, pelas Diretrizes Curriculares, a avaliação é um diagnóstico do processo de ensino e da aprendizagem, sempre com dimensão formadora, com o objetivo de gerar pessoas críticas, que possam ser agentes transformadores na sociedade (Neder, 2009, p. 3).

Para a autora (ibid., p. 8), "a avaliação em EaD deve ser formativa, centrada no cursista e fundar-se na autonomia, aprendizagem colaborativa, pesquisa e autoria".

Zanelato (s.d., p. 3), por sua vez, afirma que o processo de avaliação de alunos, com a chegada da EaD, cria um novo paradigma, no qual a avaliação quantitativa já não satisfaz mais as metodologias, sendo necessária uma avaliação qualitativa. Citando Perrenoud (1999, p. 78, *apud* Otsuka, 2006, p. 34), Zanelato afirma que "a avaliação formativa consiste em toda prática de avaliação contínua que pretende contribuir para melhorar as aprendizagens em um curso, qualquer que seja o quadro e qualquer que seja a extensão concreta da diferenciação do ensino" (ibid., p. 5).

Segundo Martins (2010, p. 1), é importante utilizar métodos de avaliação que possibilitem a verificação e a mensuração do aprendizado. Para isso, o EaD deve proporcionar capacidade de reflexão crítica dos alunos, "para que possam atuar dentro de seus limites e sobre o que os impede de avançar" (Neder, 2006, *apud* Martins, 2010). Essa proposta envolve a autoavaliação e a coavaliação. A autoavaliação acontece quando o aluno responde ao questionário, e ele mesmo vê o que acertou ou errou e pode responder novamente por tentativas permitidas pela plataforma Moodle. A outra proposta é o tutor dar um *feedback*, que é uma forma de orientar as ações do aluno de forma sensível em direção ao objetivo do curso. O autor sugere um quadro com escalas de julgamento utilizadas para a avaliação de atividades desenvolvidas a distância (Martins, 2010, pp. 2-4):

Quadro 1: Escalas de julgamento utilizadas para avaliação de atividades desenvolvidas a distância.

Escalas de julgamento utilizadas para avaliação de atividades desenvolvidas a distância
Tipo de atividade: Execução de tarefas
É coerente com a proposta da atividade, está bem elaborado e articula o que foi estudado.
É coerente com o que propõe a atividade, apresenta elaboração pessoal, mas não responde totalmente ao que é solicitado.
Contém recorte/cópia de materiais pesquisados/estudados. É coerente com a atividade, mas não apresenta elaboração pessoal.
Não encontra respaldo nas orientações/instruções ou em outras referências pesquisadas. Produção desvinculada dos conteúdos.
Não executou.
Tipo de atividade: Participação em interações
Participação inovadora que, além das características da participação colaborativa, trouxe elementos novos à atividade.
Participação colaborativa, com elaboração e síntese baseadas nas próprias reflexões e nas contribuições dos colegas.
Participação burocrática, realizou o mínimo necessário e não interagiu com os colegas.
Não participou.

Nos Cursos 1 e 2, nos fóruns de discussão, foi utilizado um quadro que está mencionado no item 6.2.3.

6.2 Metodologias para avaliar o aprendizado utilizadas nos Cursos 1 e 2

Nos Guias do Estudante para o Curso 1 (2014, pp. 24-27) e para o Curso 2 (2014, pp. 27-30), constam as informações sobre a avaliação de aprendizagem dos alunos.

No Anexo 5 dos Guias do Estudante do Curso 1 (2014, pp. 26-27) e do Curso 2 (2014, pp. 29-30), estão listadas as pontuações máximas[1] possíveis para cada módulo, assim como a carga horária prevista para completar cada um dos módulos.

A avaliação é feita por processo contínuo e sistemático. Segundo o Guia do Estudante ENAM, Curso 2 (2014, p. 27), "A partir desta perspectiva, a avaliação deixa de ser mero instrumento de aferição de conhecimento e passa a atuar de forma contínua no processo de ensino e aprendizagem".

Os alunos dos Cursos 1 e 2 foram avaliados em diferentes momentos, e o percentual mínimo para aprovação era de 60%.

A seguir, apresentaremos os critérios considerados nesta avaliação, conforme o Guia de Estudante ENAM, Curso 1 (2014, p. 25).

6.2.1 Lição – avaliação quantitativa

A leitura das lições era pontuada pela plataforma. Assim que o aluno mudava de página, o sistema computava a porcentagem de leitura realizada. A atribuição da pontuação pela leitura era automática e proporcional à leitura realizada, ou seja, uma avaliação quantitativa.

---

[1] ENAM - CEAD/UnB. *Resolução consensual de conflitos coletivos envolvendo políticas públicas: guia do estudante*. Curso 1. 2014, pp. 24-27. Disponível somente para pessoas cadastradas no curso em: <http://moodle.cead.unb.br/enam/pluginfile.php/6096/mod_resource/content/2/Guia_Resolu%C3%A7%C3%A3o_Consensual.pdf>. Acesso em: 27 dez. 2015.
ENAM - CEAD/UnB. *Resolução consensual de conflitos coletivos envolvendo políticas públicas*: guia do estudante. Curso 2. 2014, pp. 27-30. Disponível somente para pessoas cadastradas no curso. Acesso em: 27 dez. 2015.

De um total de seis módulos, cinco tinham lições para leitura. Se o aluno lia 100% da lição, obtinha 3 pontos na nota total em cada módulo. Ler a lição significa 15% no total da pontuação dos Cursos, considerando que a aprovação é de 60, 15 pontos significam 25% desse percentual.

Segundo Pontes, Sousa e Coutinho, (2010, p. 124),

> O uso do livro e materiais de leitura em geral tem implicações importantes em um curso a distância, mais do que no presencial, no qual podemos mais facilmente compensar as dificuldades de compreensão reveladas pelos alunos.

Para passarmos para o próximo item, a avaliação qualitativa ou formativa, temos de pressupor que houve a leitura da lição para poder ocorrer a aprendizagem, como foi relatado no Capítulo 3. Em outras palavras, como um aluno pode ter um aprendizado (Giusta, 1985, p. 26), *insight*, ou uma mudança de paradigma, se não houve o *input*, a entrada de conhecimento? Ou, como mencionado por Brites (2014) no Capítulo 3, se também não houve a compreensão da leitura por ser uma função cognitiva complexa?

Os Cursos 1 e 2 tiveram a duração de sete semanas cada um. Como um tutor, em sete semanas, consegue motivar alunos que não leram as lições?

Mencionei, no Capítulo 5, todas as qualidades e responsabilidades de que o tutor precisa, e abordo aqui novamente Preti (2003, p. 12), que diz que "o material didático deve ser elaborado de tal maneira que possa desenvolver o gosto pelo estudo e uma motivação favorável, a partir de uma linguagem e conversação que favoreçam os sentimentos dessa relação pessoal aluno–tutor".

6.2.2 Questões – avaliação formativa

O aluno lia as questões. Nas objetivas, assinalava a alternativa correta, e a plataforma estava programada para fornecer a nota. Como em qualquer teste de múltipla escolha, nessas questões objetivas existia a possibilidade de acertar aleatoriamente.

Como mencionado antes (Martins, 2010, p. 1), no que diz respeito à autoavaliação, o aluno dispunha de duas tentativas para responder às questões. A nota que ele obtinha era a média de ambas as tentativas. Nas questões subjetivas, por sua vez, o aluno tinha de ler a questão, compreender, analisar, talvez voltar à lição, memorizar, criar e escrever, ou seja, envolvia várias habilidades cognitivas, e o tutor avaliava as respostas, baseando-se no gabarito fornecido pela Profa. Dra. Luciane Moessa de Souza, e postava a avaliação. A avaliação das questões subjetivas media quanto o aluno havia compreendido, o que corresponde à avaliação formativa.

6.2.3 Fórum de discussão – avaliação formativa

Os fóruns de discussão foram pontuados pelos tutores conforme a participação do cursista, que deveria participar ao menos duas vezes no fórum.

O aluno deveria ter lido a lição e o texto referente à discussão a ser debatida no fórum. Tinha de refletir sobre ambos, compreender o que estava sendo perguntado, aplicar o que fora lido na lição, analisar, avaliar e elaborar uma ponderação para ser postada no fórum, ou seja, ele tornava público o seu entendimento e interagia com os outros. O tutor avaliava essa participação do aluno, que mostrava o quanto ele compreendeu e assimilou das lições. Esta, portanto, é uma avaliação formativa.

No Guia do Estudante ENAM, Curso 1 (2014, p. 26), havia uma regra de participação no fórum para o aluno, mencionando que agradecimentos ao tutor ou colegas, concordâncias com estes e assuntos diversos do tópico temático do fórum não seriam aceitos a título de avaliação.

Segundo o Roteiro para os tutores dos Cursos 1 e 2, o tutor enviava junto com a nota uma avaliação nominal para cada aluno:
Tendo em vista o objetivo do Fórum Temático do módulo [...],
- Por não ter participado da atividade proposta no Fórum Temático do módulo I, você não recebeu a pontuação respectiva.

- Parabéns! Sua participação foi produtiva, pois você fez contribuições que atenderam à proposta. Porém, você só obteve metade da nota, tendo como base a metodologia de avaliação do curso, que prevê, no mínimo, duas postagens por fórum temático.
- Parabéns! Sua participação foi muito produtiva, pois você realizou contribuições que atenderam à proposta, além de ter participado ativamente das discussões.

6.2.4 Exercício de mediação simulada – formulação de perguntas – avaliação formativa

O exercício da mediação simulada é uma mediação na qual o aluno se coloca na posição de mediador num caso fictício e formula perguntas por escrito postando-as no fórum de exercício, simulando uma sessão privada com as partes, para encontrar os reais interesses delas com vistas e viabilizar uma solução de consenso.

O primeiro exercício de mediação simulada e a formulação das perguntas do segundo exercício de mediação simulada tiveram a avaliação efetuada pelos tutores. As perguntas deveriam facilitar o diálogo, propiciar a compreensão do conflito, evitar um agravamento da situação e não poderiam ser consideradas perguntas intimidatórias para o entrevistado.

As perguntas eram avaliadas quanto a serem abertas ou fechadas e quanto ao número de questões que o aluno havia postado, para que o entrevistado pudesse falar sobre os seus interesses essenciais, seus pontos de vistas, suas dúvidas, suas dificuldades, suas ideias para resolver o conflito, as soluções que mais lhe agradariam e por que razão, sua disposição e disponibilidade para participar de futuros diálogos, quem poderia representá-lo numa mediação, sempre com vistas a uma solução consensual para o problema.

Para isso, o aluno deveria ter compreendido as lições anteriores, as ferramentas e, mais especificamente, o mecanismo de "fazer perguntas". Isso exigia habilidades cognitivas para assimilar e compreender o assunto das lições, a leitura do caso fictício de mediação simulada, refletir e criar perguntas, o que muitas vezes significava, para o aluno, uma mudança de paradigma, pois ele poderia estar acostumado a fazer perguntas mais pontuais e não amplas e abertas. O tutor avaliava essas perguntas e, com conhecimento de mediação, percebia se o aluno havia compreendido o que significava a sessão privada, e que este momento era o momento em que ele, a partir de suas perguntas, deveria se preparar para escutar.

6.2.5 Exercício de mediação simulada – formulação de respostas – avaliação formativa

Na formulação das respostas às perguntas postadas na primeira parte, os alunos deveriam ter lido as perguntas para se colocarem no lugar das partes, o que, em vários casos, exigiu que fizessem uma pesquisa sobre as características dessas partes, como, por exemplo, o representante do ICMBio (Instituto Chico Mendes de Conservação da Biodiversidade), para poder responder às perguntas que o grupo de mediadores postou.

Os tutores avaliavam se as respostas haviam sido postadas e se eram coerentes com os dados do problema. Para isso, o aluno tinha de ter lido as lições e as perguntas que os colegas mediadores postaram, pesquisado, se colocado no lugar da parte (que é uma das ferramentas da mediação), ou seja, o aluno precisaria visualizar ativamente uma mediação na prática. Nesse sentido, trata-se de uma avaliação formativa.

6.2.6 Exercício de mediação simulada – relatório de diagnóstico e planejamento da resolução consensual do conflito coletivo– avaliação formativa

A terceira atividade do exercício foi a realização do relatório de diagnóstico e planejamento da resolução consensual do conflito coletivo. Cabia aos tutores verificar se o diagnóstico e planejamento incluíam todos os elementos trazidos pelas partes do exercício simulado de mediação, se constavam as ideias convergentes, as divergentes, os interesses de cada parte, fatos a serem esclarecidos, as ideias de solução a serem investigadas, a disposição para o diálogo, o nome dos atores que participariam da mediação e da homologação caso viesse a ocorrer, as datas e os locais para as futuras reuniões, os prazos para a ratificação e se foi feito um acordo/norma de boas maneiras de convivência para o funcionamento da mediação dentro e fora da mesa.

Essa era a etapa final, na qual o aluno demonstraria se compreendeu a mediação de resolução consensual de conflitos coletivos envolvendo políticas públicas. Para realizar este exercício e desenvolver este relatório, o aluno deve ter boa capacidade de leitura, compreensão, análise, diagnóstico, planejamento e criatividade.

Essa avaliação foi realizada por processo contínuo e sistemático, portanto é formativa. Segundo o Guia do Estudante ENAM, Curso 2 (2014, p. 27), "A partir desta perspectiva, a avaliação deixa de ser mero instrumento de aferição de conhecimento e passa a atuar de forma contínua no processo de ensino e aprendizagem".

6.3 Estudo das avaliações quantitativas das lições, comparadas com a participação dos alunos nos fóruns e nas questões

A realização deste estudo foi viável apenas por ser também possível a medição quantitativa da leitura da lição.

Os alunos dos Cursos 1 e 2 foram avaliados em diferentes momentos, e o percentual mínimo de rendimento, em ambos os casos, era de 60% para aprovação.

Este estudo pretende comparar quantitativa e estatisticamente os alunos que atingiram 60% da nota – a leitura das lições, a resposta das questões e a participação nos fóruns – com os que foram reprovados – tiveram menos de 60% de aprovação.

No Curso 2 de Resolução Consensual de Conflitos Coletivos envolvendo Políticas Públicas, não foi permitida a participação nos exercícios de mediação simulada realizados a partir do módulo IV para os alunos que não tivessem concluído a leitura da lição e as respostas às questões dos módulos I-III.

Com base nesse cenário, trabalhei com dados dos três primeiros módulos dos Cursos 1 e 2, comparando as leituras das lições I, II e III, a participação dos fóruns I, II e III e as respostas às questões do Curso 1, QI (questões do módulo I), Q2 (questões do módulo II) e Q3 (questões do módulo III).

Do Curso 2, utilizei as respostas das questões objetivas e subjetivas separadamente. As questões subjetivas denominei Q1 (questões do módulo I), Q2 (questões do módulo II) e Q3 (questões do módulo III), e as questões objetivas chamei q1 (questões do módulo I), q2 (questões do módulo II) e q3 (questões do módulo III), diferenciando as iniciais em maiúsculas, no primeiro caso, e minúsculas, no segundo.

Os dois cursos não podem ser comparados diretamente, uma vez que ocorreram mudanças do Curso 1 para o Curso 2, como:
- No Curso 1, os alunos podiam seguir até o final, participar dos exercícios em grupos, mesmo se não houvessem participado de atividades anteriores, o que lhes possibilitou obter uma nota final de grupo, ainda que não ocorresse sua participação efetiva. Isto foi alterado para o Curso 2, no qual somente os alunos que haviam participado de todas as atividades até o módulo III poderiam participar da formação de equipes para os exercícios dos módulos seguintes.
- Os valores das notas foram alterados, e os exercícios práticos tiveram sua nota aumentada no Curso 2: no Curso 1, valiam 20; no Curso 2, 41. Esta mudança da nota não afetou a aferição das lições, das pontuações nos fóruns nem na participação das questões.
- As questões subjetivas e objetivas resolvidas pelos alunos, no Curso 1, dos módulos I, II e III, eram somadas, dando uma nota única, que podia chegar à nota máxima de 10 (dez):
  Q (subjetiva +objetiva) = nota máxima 10 (dez).
- As questões subjetivas e objetivas no Curso 2, dos módulos I, II e III, valiam respectivamente:

Q1 subjetiva: 5
Q2 subjetiva: 4
Q3 subjetiva: 3
q1 objetiva: 5
q2 objetiva: 6
q3 objetiva: 7

A nota da questão subjetiva, somada à nota da questão objetiva, também totalizava 10, mas no Curso 2, na tabela de notas, são apresentadas em separado.

Lições

Os valores das lições permaneceram os mesmos para os dois cursos. Para trabalhar com as porcentagens das lições lidas, tomei o seguinte critério: considerei "lição lida" quando o aluno obteve porcentagem igual ou maior que 80% (= ou > 80%). De tal maneira, considerei "lição não lida" toda porcentagem no relatório igual ou menor que 79,9% (= ou < 79,9%).

Fóruns

O critério de participação do fórum era o seguinte: o aluno teria de participar no mínimo duas vezes, de forma coerente com a matéria e o assunto tratados no módulo para poder obter a nota máxima correspondente a 3 (três). Se o aluno participasse uma única vez, mas de forma coerente com o conteúdo do módulo, ele obtinha nota 1,5 (um e meio).

Para as avaliações presentes, fiz as seguintes considerações:
- Se o aluno obteve nota igual ou maior que 1,5 (um e meio), para critério estatístico, ele participou do fórum.
- Se o aluno obteve nota igual ou menor que 1,49 (popularmente: "um vírgula quarenta e nove"), para critério estatístico, ele não participou do fórum.

Questões subjetivas e objetivas

No Curso 1, a questão tinha o valor máximo de 10, portanto se o aluno tirou nota igual ou maior que 5, para critério estatístico, ele respondeu à questão. Já o aluno que tirou nota igual ou menor que 4,99, para critério estatístico, não respondeu à questão.

No Curso 2, para critério estatístico, considerei que os alunos que obtiveram nota igual ou maior que 50% do valor da questão haviam respondido à questão. Os alunos que não obtiveram nota igual ou menor que 49,9% do valor da questão, para critério estatístico, não haviam respondido à questão.

Para efeitos numéricos de participação:

Quadro 2: Efeitos numéricos de participação.

	Nota máxima			Nota mínima
Q1 subjetiva:	5	50%	> ou = (maior ou igual)	2,50
Q2 subjetiva:	4	50%	> ou =	2,00
Q3 subjetiva:	3	50%	> ou =	1,50
q1 objetiva:	5	50%	> ou =	2,50
q2 objetiva:	6	50%	> ou =	3,00
q3 objetiva:	7	50%	> ou =	3,50

Para efeitos numéricos de não participação em nota expressa em números:

Quadro 3: Efeitos numéricos de não participação em nota expressa em números.

	Nota máxima			Nota para não participação
Q1 subjetiva:	5	50%	< ou = (menor ou igual)	2,49
Q2 subjetiva:	4	50%	< ou =	1,99
Q3 subjetiva:	3	50%	< ou =	1,49
q1 objetiva:	5	50%	< ou =	2,49
q2 objetiva:	6	50%	< ou =	2,99
q3 objetiva:	7	50%	< ou =	3,49

Caso o aluno não tivesse atingido os 50% da nota da questão, não seria considerada a sua participação.

A análise estatística e os resultados deste estudo encontram-se no item **Resultados**.

7. A utilização da ferramenta "pergunta" na mediação e no Curso de Resolução Consensual de Conflitos Coletivos envolvendo Políticas Públicas

> "Fazer perguntas é a prova de que se pensa."
> Rabindranath Tagore

7.1 A ferramenta "pergunta"

Segundo Elder e Paul (2002, p. 2), o nosso pensamento determina a qualidade de nossas vidas; por outro lado, a qualidade do nosso pensamento está ligada à qualidade de nossas perguntas, uma vez que essas são o motor, a força que impulsiona o pensamento. Se não fazemos as perguntas essenciais, muitas vezes não conseguimos focar o nosso pensamento sobre o que é realmente significativo.

Anzorena (2013, p. 297) afirma que, ao nos referirmos à palavra *falar*, automaticamente pensamos em expressar uma ideia, convencer, persuadir ou mesmo transmitir uma informação, mas raramente a associamos à palavra *perguntar*.

Abrevaya (2014, ppt. 4, ppt. 6), por sua vez, afirma que "Indagar não é fazer perguntas. A indagação se baseia no desejo de escutar e saber mais de si mesmo e do outro". Para ele, "é importante saber que não existe ingenuidade ou inocência na pergunta, é importante perguntar aquela pergunta", pois "toda pergunta delimita e condiciona o espaço da resposta" (tradução livre).

Segundo o autor (2014), conforme se observa nas apresentações em *PowerPoint*® de números 17 e 18, as perguntas podem ser do tipo fechada ou do tipo aberta. Com as abertas, buscamos dados, confirmamos o que foi dito, verificamos uma informação e ainda podemos nos aprofundar no assunto. Já as perguntas fechadas são aquelas que podem ser respondidas com uma palavra, um "sim", um "não", e também podem ser uma confirmação de algo concreto, um dado, um acordo ou uma ação.

Elder e Paul (2002, p. 27) exemplificam como se preparar para fazer perguntas: de "que informações preciso? Como posso obter estas informações?". A partir daí, podem-se elaborar várias questões, de acordo com o conflito. A autora apresenta algumas outras possibilidades de formulação para a obtenção de informações:

> O que se pode fazer a curto e longo prazo? Quem está controlando o quê? Quais os limites econômicos/financeiros? Prazos? Quem tem poder? Quais as opções? Quais vantagens e desvantagens tem cada opção? Como você resolveria este problema? Quais as vantagens e desvantagens de cada solução? Que implicações poderiam acontecer se fosse feito desta ou daquela maneira? Como se pode verificar isso?

É preciso lembrar, contudo, que cada conflito é único e, para cada um, o mediador terá de preparar e pensar as suas perguntas para as sessões privadas.

Segundo o Programa de Mediación Comunitária (1998, p. 4), no Estado paternalista, que corresponde à maioria dos Estados da América Latina, o próprio Estado se encarrega de resolver de alguma forma o conflito. Nesse contexto, o cidadão perde a "palavra", a possibilidade de conversar com aquele com quem tem o conflito.

Quando falamos de Resolução Consensual de Conflitos Coletivos envolvendo Políticas Públicas, estamos tratando de uma mudança de paradigma, ou seja, uma mudança cultural na qual as pessoas recuperam a palavra, o empoderamento e a confiança. Para isso, é preciso que, primeiramente, se estabeleça a comunicação entre o mediador e as partes, para, depois, incluir uma comunicação entre todos os representantes do conflito.

Na mediação, todo o processo de conversação é voluntário e depende da vontade do outro de participar. O mediador precisa se informar sobre o conflito e preparar uma lista das informações que gostaria de obter; a partir daí, começa a elaborar as perguntas a fazer. Segundo Souza (2014, p. 124),

> sessões privadas são aquelas em que o mediador dialoga em separado com uma das partes/atores envolvidos no conflito, ou mesmo com mais de uma delas, desde que estas diferentes partes tenham interesses alinhados em relação à solução do conflito ou parte dele (formando assim coalizões).

O momento da sessão privada pode ser único e pode, ainda, não se repetir. O mediador precisa aproveitar, portanto, o tempo dessa sessão com as melhores perguntas que ele puder fazer.

O aluno que está fazendo os Cursos 1 e 2 precisa se colocar no lugar desse mediador. Ele precisa estudar o conflito e rever as ferramentas da mediação, de acolhimento e, especialmente, de fazer perguntas.

No módulo III, nos Cursos 1 e 2, o aluno tem o embasamento teórico da ferramenta "pergunta" na lição III (Almeida, 2014, p. 75, *apud* Souza, 2014, p. 26). Nessa lição, menciona-se que perguntar faz parte da escuta ativa e deve ser feito com cuidado e com experiência para ser uma ação eficaz.

O primeiro conflito fictício da mediação simulada, diferente para cada curso, foi proposto exclusivamente para que os alunos praticassem a formulação de perguntas para as partes/atores do conflito em questão. Eles estão resumidos a seguir e, para uma leitura mais ampla, deve-se observar, também, as descrições detalhadas desses conflitos e as características dos atores, nos anexos 1, 2 e 3.

> **1º conflito fictício para mediação simulada do Curso 1:**
> Em um bairro rural no interior do Rio de Janeiro, existe uma pedreira explorada por uma empresa familiar, que emprega a maior parte dos moradores do lugar. Após alguns anos de produção, algumas pessoas passaram a apresentar sintomas físicos decorrentes do trabalho insalubre. A morte de uma criança de 4 anos com quadro grave de asma, supostamente devido à convivência crônica com a atmosfera gerada

pela exploração da pedreira, mobilizou a comunidade a reunir-se na Associação de moradores e a formar uma comissão para reivindicar seus direitos. Orientados por um advogado, seus representantes solicitaram a interferência da Prefeitura e dos órgãos ambientais, além da ajuda de uma ONG dedicada a questões ambientais.
Atores: prefeito, órgão ambiental estadual, comunidade local, ONG Viva o Verde, pedreira.

Os alunos tiveram de formular as perguntas para cada um desses atores, na plataforma Moodle, como se estivessem em uma sessão privada.

1º conflito fictício para mediação simulada do Curso 2:
Em janeiro de 2014, trinta famílias brasileiras que viviam do lado boliviano das margens do Rio Solimões voltaram para o lado brasileiro devido a conflitos pelo uso do solo. As 21 crianças em idade escolar dessas famílias precisavam se matricular em Estudantina, mas as aulas já haviam começado, e não havia vagas. O caso mais complexo era o de Joanderson Silva, cadeirante, de 14 anos de idade e 100 quilos, já que a região era frequentemente alagada pelas cheias do rio e, por isso, todas as escolas eram construídas como palafitas, em altura que requeria escadas de acesso. Até então, não havia nenhuma outra criança cadeirante tentando matricular-se em Estudantina, mas a mãe de Joanderson, Dona Joaninha, insistia que o filho tinha direito a estudar e requeria providências.
Atores: prefeito, procurador do município, Secretaria Municipal de Educação, Ministério da Educação, representantes dos manifestantes, ONG, mãe do menino.

Os alunos formularam as perguntas para cada um desses atores, na plataforma Moodle, como se estivessem em uma sessão privada.

Essas perguntas, como exposto no Capítulo 6, devem ajudar a parte a falar sobre os seus interesses essenciais, seus pontos de vista, suas dúvidas, suas dificuldades, suas ideias para resolver o conflito, quais soluções lhe agradariam e por que, sua disposição e disponibilidade para participar de futuros diálogos, quem poderia representá-la numa mediação com representatividade e poderes para atuar numa mediação, sempre em busca de uma solução consensual para o problema.

É preciso ressaltar que o objetivo dos alunos, nesse primeiro exercício, foi treinar a formulação de perguntas.

7.2 O papel do tutor mediador na avaliação das perguntas formuladas pelos alunos

Segundo Abrevaya (2014), precisamos averiguar se o aluno entendeu a cultura da mediação, como ele evoluiu e como usa as técnicas. Para entender essa cultura da mediação que o autor se refere, os tutores precisam ser mediadores.

O aluno pode ter lido todas as lições, respondido a todas as questões e participado dos fóruns, mas se não houve uma mudança, um aprendizado, um *insight*, ele não consegue formular as perguntas abertas.

O tutor que avalia as perguntas do primeiro exercício fictício de mediação simulada precisa, segundo Elder e Paul (2002, p. 8), como tutor mediador, saber questionar a escolha do aluno: "Por que você fez esta pergunta? Não estou seguro [de] aonde você gostaria de chegar com a sua pergunta, você poderia me explicar?".

Se o aluno ainda não consegue entender, o tutor pode ajudar: "A pergunta, segundo o meu ponto de vista, poderia ser... Você está de acordo ou vê outra pergunta possível? Você acha que devemos fazer a pergunta (sobre este assunto...) desta maneira... ou desta...?".

Para Elder e Paul (2002, p. 9), às vezes o tutor mediador precisa questionar pontos de vista e perspectivas dos alunos quando eles vêm com conhecimentos prévios: "Sob qual ponto de vista você está vendo isso?; Existe outro ponto de vista que possamos considerar?; Quais destes pontos de vista fazem mais sentido nesta situação?". Dessa forma, o tutor mediador, ao corrigir e avaliar as primeiras perguntas que o aluno postou, ajuda-o a refletir e procurar as perguntas que precisa fazer.

Esse exercício de formulação de perguntas pode indicar se o aluno compreendeu e, efetivamente, aprendeu o que é mediação, além de apontar se já ocorreu uma mudança de paradigma.

Ao terminar o Curso 1, a coordenadora, Profa. Dra. Luciane Moessa de Souza, reviu a pontuação desse exercício e o tempo que o tutor tinha para corrigir as perguntas postadas pelos alunos, uma vez que era muito importante para estes saberem o resultado da avaliação de suas perguntas do primeiro exercício antes de formular as do segundo exercício de mediação simulada.

No Curso 1, o primeiro exercício de conflito fictício de mediação simulada – formulação de perguntas – e o segundo – formulação de perguntas, respostas e construção do relatório do diagnóstico e planejamento da resolução do conflito coletivo – somavam, juntos, 20 pontos, e eram realizados em um único módulo.

No Curso 2, o primeiro exercício fictício de mediação simulada – formulação de perguntas – valia 15 pontos e foi realizado no módulo IV. O segundo exercício fictício – formulação de perguntas e respostas – foi realizado no módulo V e somava 12 pontos. No módulo VI, foi feito o relatório do diagnóstico e planejamento da resolução do conflito coletivo, que valia 14 pontos. No Curso 2, os dois exercícios fictícios somaram 26 pontos.

2º conflito fictício para mediação simulada dos Cursos 1 e 2

O conflito hipotético em questão surgiu na esfera administrativa, tendo em vista a proposta de construção de hidrelétrica no Estado do Pará, em área que alagará parcialmente uma terra indígena, uma unidade de conservação federal (Parque Nacional) e seis grandes fazendas.

No Curso 1, no qual os alunos não tiveram restrição de participar dos exercícios caso não tivessem realizado as atividades dos módulos I-III, as partes envolvidas eram em número de dezesseis. Como no Curso 2 o número de alunos ficou reduzido, foi reduzido também o número das partes. As doze partes envolvidas foram:

- FUNAI: Procurador e representantes da área técnica;

- IBAMA: Procurador, coordenador do Setor de Licenciamentos de empreendimentos energéticos e assessor;
- ANEEL e Ministério de Minas e Energia: Procurador e Diretor da área de monitoramento de oferta e demanda de energia elétrica;
- ICMBIO: Procurador e representantes da área técnica;
- ELETRONORTE: Diretor de novos empreendimentos e relacionamento institucional, Diretor jurídico e assessor;
- Entidade ambientalista SOS Amazônia: Diretor, advogado e associado;
- Lideranças indígenas (três índios representantes da etnia que vive na terra em processo de demarcação);
- Representantes dos seis latifundiários afetados: advogado e dois dos fazendeiros;
- Ministério Público Federal: Procurador(a) da República atuante em proteção de direitos indígenas e em proteção ambiental e assessores(as);
- Estado do Pará: Procurador(a) e representante da Secretaria de Desenvolvimento Econômico;
- Prefeito e Procurador-Geral de um dos Municípios afetados (Indiópolis);
- Prefeito e Procurador-Geral de um dos Municípios afetados (Pecuariópolis).

Assim como no exercício 1, os alunos formularam perguntas em sessões privadas para as partes, porém no Curso 2 tiveram mais tempo para ler as observações postadas pelos tutores mediadores, para refletir sobre o *feedback* e, se fosse necessário, podiam questionar o tutor quanto às dúvidas sobre o *feedback* antes de iniciarem o segundo exercício.

Para o aluno, esta foi uma segunda oportunidade para fazer perguntas em sessões privadas. Para o tutor mediador, avaliar essas perguntas é a oportunidade de ver quem ainda precisa de mais atenção, quem ainda não teve aprendizado, o *insight* da mediação.

As próximas atividades – responder às perguntas e preparar o diagnóstico/planejamento da resolução do conflito coletivo – são complexas tecnicamente, exigem análise dos dados, reflexão e planejamento, mas não requerem mais o questionamento das partes.

8. As diferenças entre os Cursos 1 e 2

Antes de mencionar as diferenças, é importante citar que os dois cursos tiveram matéria expositiva baseada nas mesmas lições e de conteúdo idêntico. Além disso, ambos foram ministrados no espaço de tempo de sete semanas, sob a mesma coordenação.

8.1 Avaliação do Curso 1 e adaptações para o Curso 2

Após o término do Curso 1, os tutores, junto à coordenação, avaliaram-no levando em conta as observações feitas pelos alunos durante o curso e no final dele.

Uma das solicitações dos alunos, durante o curso, foi ter mais tempo para a realização dos exercícios fictícios de mediação simulada. Os tutores acharam importante haver a correção das perguntas e dar um *feedback* aos alunos, antes de eles iniciarem o segundo exercício fictício de mediação simulada, que também incluía a formulação de perguntas. A coordenação dividiu e distribuiu o exercício para o Curso 2 em dois módulos e aumentou o tempo estimado para sua realização.

No Curso 1, todos os alunos podiam fazer os exercícios fictícios de mediação simulada. A nota nele obtida era repassada igualmente para todos os participantes. Observou-se, porém, que alguns alunos podem ter se beneficiado com essa avaliação, obtendo a nota do grupo sem ter participado efetivamente, e, com isso, podem ter atingido a porcentagem de 60% de aprovação. Para evitar que essa situação ocorresse novamente, no Curso 2, somente os alunos que tivessem realizado as leituras das lições, respondido às questões e participado dos fóruns dos módulos I-III, poderiam participar do módulo IV, em que era realizado o primeiro exercício fictício de mediação simulada: a formulação de perguntas. Essa mudança fez com que um número menor de alunos passasse para a fase dos exercícios fictícios de mediação simulada e, consequentemente, o número de partes no segundo exercício fictício de mediação simulada foi reduzido.

8.2 Adaptações devidas à seleção realizada em função do edital de inscrição para o Curso 2

O Curso 2, pelo edital, teve a inscrição de alunos do terceiro setor e de professores e pesquisadores relacionados à Resolução de Conflitos Coletivos que envolvessem Políticas Públicas. A coordenação preocupou-se em escolher um exercício fictício para a mediação simulada de formulação de perguntas que fosse de interesse das pessoas inscritas no Curso 2.

Com a participação de alunos do terceiro setor, professores e pesquisadores no Curso 2, a coordenação trocou o primeiro exercício fictício do Curso 1, Anexo 1, pelo segundo exercício fictício do Curso 2, Anexo 2, baseado num conflito social e escolar.

8.3 As principais diferenças entre os Cursos 1 e 2

1. Número de alunos:
   - Curso 1: 576 alunos;
   - Curso 2: 1.008 alunos.
2. Número de tutores:
   - Curso 1: 11 tutores;
   - Curso 2: 18 tutores.

3. Tipo de conflito fictício:
   - Curso 1: primeiro exercício baseado em conflito fictício ecológico;
   - Curso 2: primeiro exercício baseado em conflito fictício social escolar.

4. Carga horária estimada de dedicação para o aluno:
   - Curso 1: 35h;
   - Curso 2: 50h.

5. Pontuação máxima para o aluno nos exercícios das mediações simuladas:
   - Curso 1: 20 pontos;
   - Curso 2: 41 pontos.

6. Número de partes, segundo exercício das mediações simuladas, proposta de construção de usina hidrelétrica:
   - Curso 1: 16 partes;
   - Curso 2: 12 partes.

A Tabela 4, a seguir, detalha os tópicos especificados neste Capítulo.

Tabela 4: Descrição das atividades de cada módulo, carga horária e pontuação

CURSO 1	Atividade	Nota (0-100)	Carga horária	CURSO 2	Atividade	Nota (0-100)	Carga horária
Ambientação	• apresentação aluno • vídeo de apresentação do curso	0	5		• apresentação aluno • vídeo de apresentação do curso	0	3
Total ambientação		**0**	**5**			**0**	**3**
Módulo I apresentação de métodos consensuais e resolução de conflitos	• leitura lição • Fórum • Questões 18	3 3 10	5		• leitura lição • Fórum • Q objetivas 13/ Q subjetivas 5	3 3 10	7
Total Módulo I		**16**	**5**			**16**	**7**

CURSO 1	Atividade	Nota (0-100)	Carga horária	CURSO 2	Atividade	Nota (0-100)	Carga horária
Módulo II Etapas do processo de resolução consensual de conflitos; Participantes; Diagnóstico; Planejamento do processo	• leitura da lição • Fórum • Questões 17	3 3 10	5		• leitura da lição • Fórum • Q objetivas 13/ Q subjetivas 4	3 3 10	5
Total Módulo II		16	5			16	5
Módulo III A negociação e estudos técnicos; Redação e ratificação/ homologação de acordo	• leitura de lição • Fórum • Questões 16	3 3 10	5		• leitura de lição • Fórum • Q objetivas 13/ Q subjetivas 3	3 3 10	5
Total Módulo III		16	5			16	5
Módulo IV Estudo de caso	• leitura de lição • Fórum • Questões 3	3 3 10	5	Estudo de caso; Exercício de mediação; simulação	• leitura de lição • formulação de perguntas em 5 sessões privadas	3 15	8
Total Módulo IV		16	5			18	8
Módulo V Exercício de mediação simulada		20	5	Aspectos envolvidos na administração de programas de mediação; Quem pode ser mediador/ facilitador; Experiências já existentes; Exercício de mediação simulada	• leitura da lição • Perguntas em sessão privada (Respostas em grupos de 2 ou 3)	3 12	8
Total Módulo V		20	5			15	8
Módulo VI Aspectos envolvidos na administração de programas de mediação; Quem pode ser mediador/ facilitador; Experiências já existentes	• leitura de lição • Fórum • Questões 10	3 3 10	5		• Realização de diagnóstico/ planejamento em grupo de 2 ou 3 • Questões ou fórum	14 5	8
Total Módulo VI		16	5			19	8
Total Geral		100	35			100	50

Conclusões

Apresentaremos, a seguir, os resultados obtidos com esta pesquisa.

Percentual de alunos aprovados nos Cursos 1 e 2

Foram considerados aprovados alunos com aprovação igual ou superior a 60%. No Curso 1, de 576 alunos, foram aprovados 212, correspondendo a 37,0%. No Curso 2, de 1.008 alunos, foram aprovados 322, correspondendo a 31,9%.

Gráfico 1: Percentual de alunos aprovados no Curso 1.

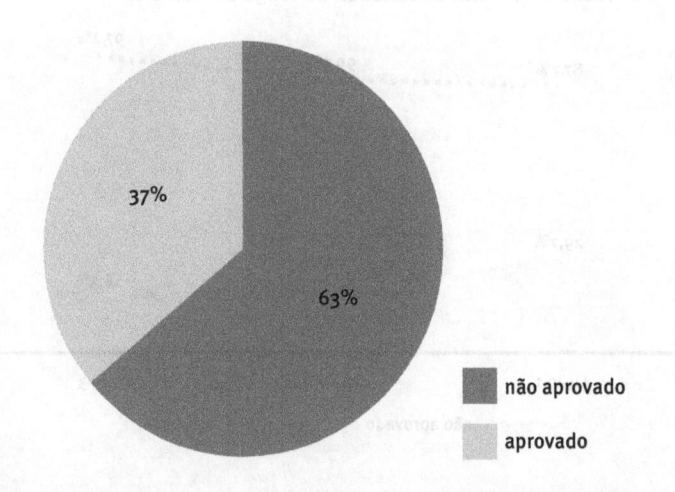

Gráfico 2: Percentual de alunos aprovados no Curso 2.

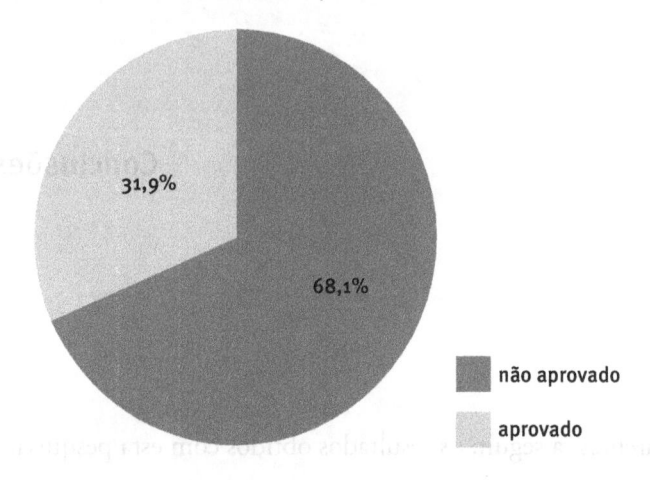

Comparação de leitura, fóruns e questões com relação à aprovação no curso

Leitura de lição e aprovação

Abaixo foi construído um gráfico com o percentual de leitura ao longo do Curso 1, separado pelo grupo de alunos que foram aprovados ou não no curso.

Gráfico 3: Percentual de leitura realizada ao longo do Curso 1.

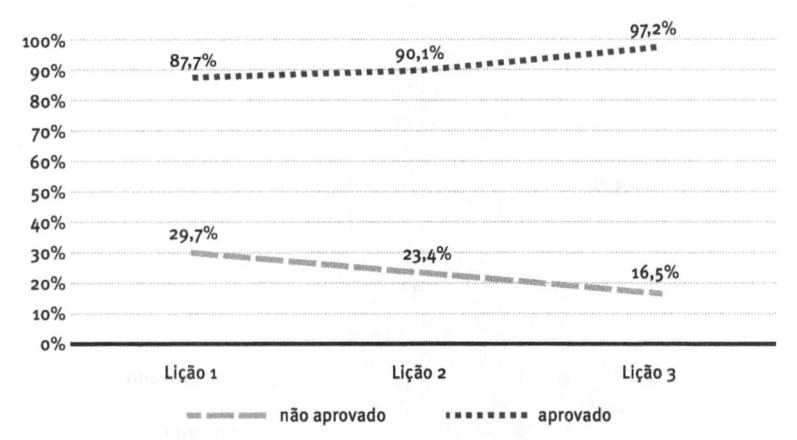

a. Dos 212 alunos do Curso 1 que obtiveram 60% ou mais de aprovação:
   - 87,7% dos alunos leram a lição 1;
   - 90,1 % dos alunos leram a lição 2;
   - 97,2 % dos alunos leram a lição 3;
b. Dos 364 alunos do Curso 1 que não obtiveram 60% de aprovação:
   - 29,7 % dos alunos leram a lição 1;
   - 23,4 % dos alunos leram a lição 2;
   - 16,5 % dos alunos leram a lição 3.

Assim, pode-se observar que:
1. Houve associação, estatisticamente significante, entre as leituras realizadas e a aprovação no curso ($p<0,05$), evidenciando que há um maior percentual de alunos que realizaram as leituras no grupo de aprovados.
2. No grupo de alunos aprovados, foi aumentando, ao longo do curso, o percentual de alunos que realizaram as leituras, enquanto no grupo de alunos não aprovados, o percentual de alunos que realizaram as leituras foi diminuindo ao longo do curso.

A seguir, foi construído um gráfico com o percentual de leitura ao longo do Curso 2, separado pelo grupo de alunos que foram aprovados ou não no curso.

Gráfico 4: Percentual de leitura realizada ao longo do Curso 1.

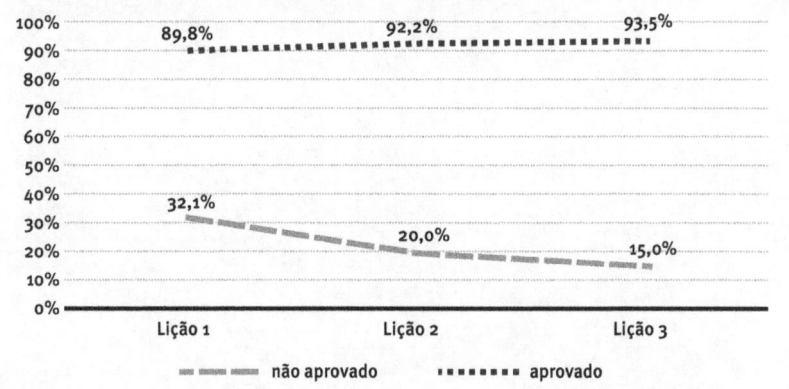

Pode-se verificar que:
a. Dos 322 alunos do Curso 2 que tiveram 60% ou mais de aprovação:
   • 89,8% dos alunos leram a lição 1;
   • 92,2% dos alunos leram a lição 2;
   • 93,5% dos alunos leram a lição 3,
b. Dos 686 alunos do Curso 2 que não tiveram 60% de aprovação:
   • 32,1% dos alunos leram a lição 1;
   • 20,0% dos alunos leram a lição 2;
   • 15,0 % dos alunos leram a lição 3.

1. Houve associação, estatisticamente significante, tanto para o Curso 1 quanto para o Curso 2, entre as leituras realizadas e a aprovação no curso ($p<0,05$), evidenciando que há um maior percentual de alunos que realizaram as leituras no grupo de aprovados.
2. Tanto para o Curso 1 quanto para o Curso 2, no grupo de alunos aprovados ao longo do curso, foi aumentando o percentual de alunos que realizaram as leituras, enquanto no grupo de alunos não aprovados o percentual de alunos que realizaram as leituras foi diminuindo ao longo do curso.

Associação das participações nos fóruns, resposta às questões com relação à aprovação no curso e leitura das lições

Curso 1 – Módulo I

Gráfico 5: Curso 1 – leitura da lição 1 x participação no fórum 1, resposta à Q1 e aprovação.

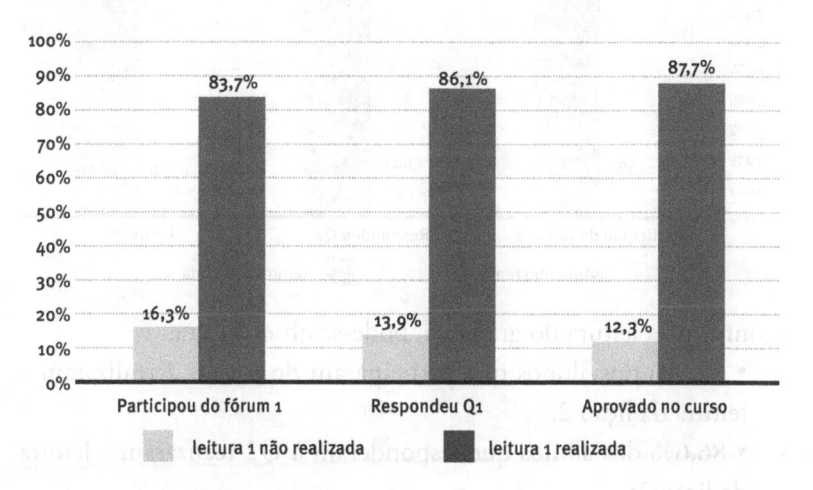

[Gráfico de barras com os seguintes valores:
- Participou do fórum 1: leitura 1 não realizada 16,3%; leitura 1 realizada 83,7%
- Respondeu Q1: leitura 1 não realizada 13,9%; leitura 1 realizada 86,1%
- Aprovado no curso: leitura 1 não realizada 12,3%; leitura 1 realizada 87,7%]

Pode-se observar, no gráfico 5, que:
- 83,7% dos alunos que participaram do Fórum 1 realizaram a leitura da lição 1;
- 86,1% dos alunos que responderam à Q1 realizaram a leitura da lição 1;
- 87,1% dos alunos aprovados realizaram a leitura da lição 1.

3. Para as três avaliações, houve associação, estatisticamente significante, entre as leituras das lições realizadas e a participação nos fóruns ($p<0,05$), evidenciando que há um maior percentual de alunos que realizaram as leituras das lições no grupo de alunos que participaram dos respectivos fóruns e responderam às questões.

Curso 1 – Módulo II

Gráfico 6: Curso 1 – leitura da lição 2 x participação no fórum 2, resposta à Q2 e aprovação.

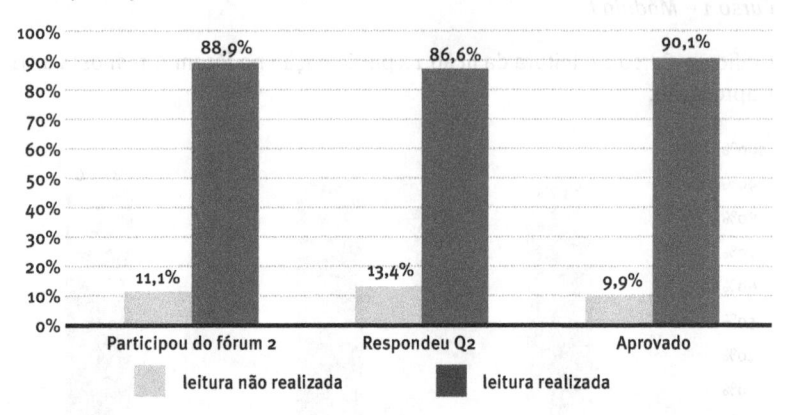

	Participou do fórum 2	Respondeu Q2	Aprovado
leitura não realizada	11,1%	13,4%	9,9%
leitura realizada	88,9%	86,6%	90,1%

Conforme a leitura do gráfico 6, pode-se observar que:
- 88,9% dos alunos que participaram do fórum 2 realizaram a leitura da lição 2;
- 86,6% dos alunos que responderam à Q2 realizaram a leitura da lição 2;
- 90,1% dos alunos aprovados realizaram a leitura da lição 2.

Curso 1 – Módulo III

Gráfico 7: Curso 1 – leitura da lição 3 x participação no fórum 3, resposta à Q3 e aprovação.

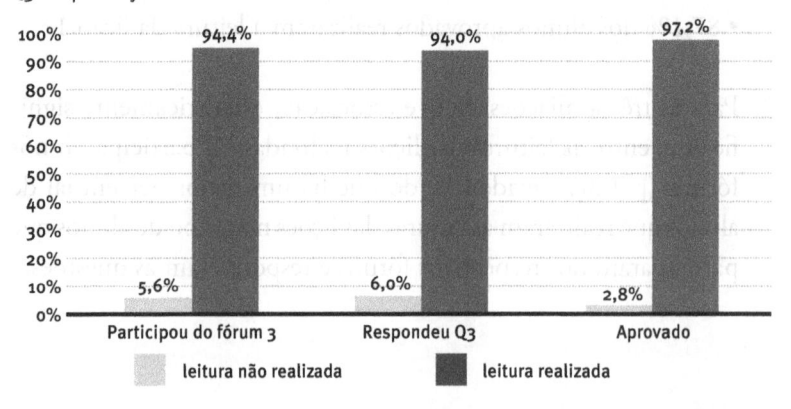

	Participou do fórum 3	Respondeu Q3	Aprovado
leitura não realizada	5,6%	6,0%	2,8%
leitura realizada	94,4%	94,0%	97,2%

Pelo gráfico 7, pode-se observar que:
- 94,4% dos alunos que participaram do fórum 3 realizaram a leitura da lição 3;
- 94,0% dos alunos que responderam à Q3 realizaram a leitura da lição 3;
- 97,2% dos alunos aprovados realizaram a leitura da lição 3.

4. Pode-se observar que, nos três módulos – I, II, e III –, para as três avaliações, houve associação, estatisticamente significante, entre as leituras das lições realizadas e a participação nos fóruns ($p<0,05$), evidenciando que há um maior percentual de alunos que realizaram as leituras das lições no grupo de alunos que participaram dos respectivos fóruns e responderam às questões.

Curso 2 – Módulo I

Gráfico 8: Curso 2 – leitura da lição 1 x participação no fórum 1, resposta à Q1, resposta à q1 e aprovação.

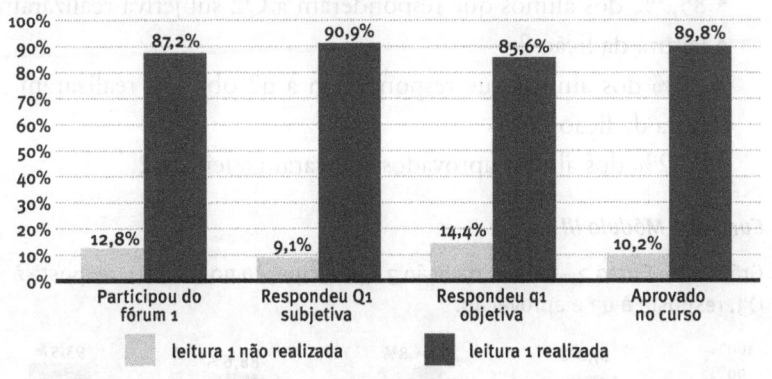

A leitura do gráfico 8 permite-nos afirmar que:
- 87,2% dos alunos que participaram do fórum 1 realizaram a leitura da lição 1;
- 90,9% dos alunos que responderam à Q1 subjetiva realizaram a leitura da lição 1;
- 85,6% dos alunos que responderam à q1 objetiva realizaram a leitura da lição1;
- 89,8% dos alunos aprovados realizaram a leitura da lição 1.

Curso 2 – Módulo II

Gráfico 9: Curso 2 – leitura da lição 2 x participação no fórum 2, resposta à Q2, resposta à q2 e aprovação.

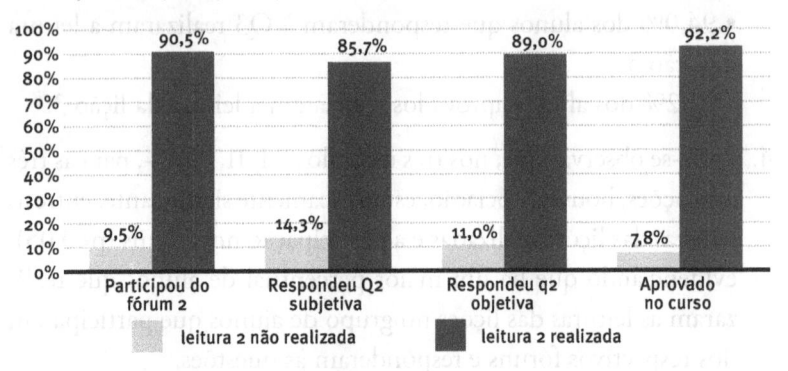

	Participou do fórum 2	Respondeu Q2 subjetiva	Respondeu q2 objetiva	Aprovado no curso
leitura 2 não realizada	9,5%	14,3%	11,0%	7,8%
leitura 2 realizada	90,5%	85,7%	89,0%	92,2%

Pelo gráfico 9, pode-se observar que:
• 90,5% dos alunos que participaram do fórum 2 realizaram a leitura da lição 2;
• 85,7% dos alunos que responderam à Q2 subjetiva realizaram a leitura da lição 2;
• 89% dos alunos que responderam à q2 objetiva realizaram a leitura da lição 2;
• 92,2% dos alunos aprovados realizaram a leitura 2.

Curso 2 – Módulo III

Gráfico 10: Curso 2 – leitura da lição 3 x participação no fórum 3, resposta à Q3, resposta à q3 e aprovação.

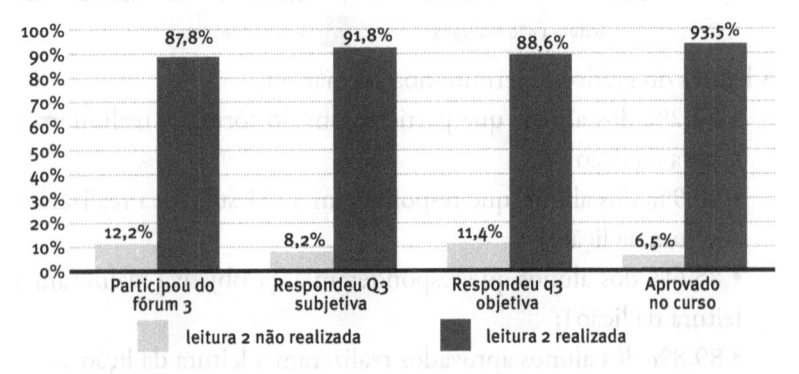

	Participou do fórum 3	Respondeu Q3 subjetiva	Respondeu q3 objetiva	Aprovado no curso
leitura 2 não realizada	12,2%	8,2%	11,4%	6,5%
leitura 2 realizada	87,8%	91,8%	88,6%	93,5%

A leitura do gráfico 10 permite-nos afirmar que:
- 87,8% dos alunos que participaram do fórum 3 realizaram a leitura da lição 3;
- 91,8% dos alunos que responderam à Q3 subjetiva realizaram a leitura da lição 3;
- 88,6% dos alunos que responderam à q3 objetiva realizaram a leitura da lição 3;
- 93,5% dos alunos aprovados realizaram a leitura da lição 3.

5. Como na análise para o Curso 1, também no Curso 2 pode-se observar que, para as três avaliações, houve associação, estatisticamente significante, entre as leituras realizadas e a participação nos fóruns (p<0,05), evidenciando que há um maior percentual de alunos que realizaram as leituras no grupo de alunos que participaram dos respectivos fóruns e responderam às questões objetivas e subjetivas.

Participação percentual dos alunos nos fóruns ao longo dos Cursos 1 e 2

Curso 1

A seguir, foi construído um gráfico que apresenta o percentual de participação nos fóruns ao longo do Curso, separado pelo grupo de alunos aprovados ou não no Curso 1.

Gráfico 11: Percentual de participação nos fóruns ao longo do Curso 1.

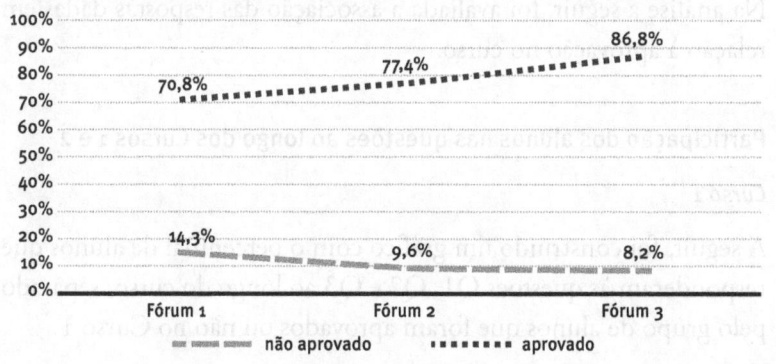

Curso 2

A seguir, apresentamos um gráfico com o percentual de participação nos fóruns ao longo do Curso 2, separado pelo grupo de alunos que foram aprovados ou não no curso.

Gráfico 12: Percentual de participação nos fóruns ao longo do Curso 2.

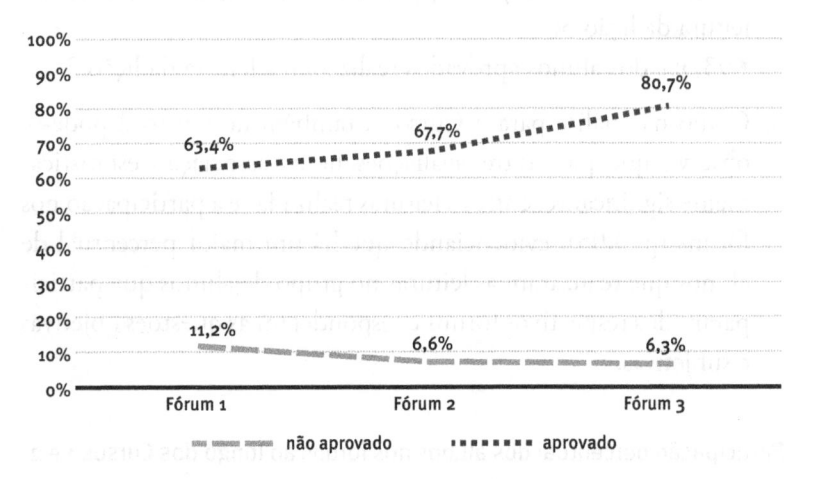

6. Pode-se observar que, tanto no Curso 1 quanto no Curso 2, no grupo de alunos aprovados ao longo do curso, foi aumentando o percentual de alunos que participaram dos fóruns, enquanto no grupo de alunos não aprovados, o percentual de alunos que participaram dos fóruns foi diminuindo ao longo do curso.

Na análise a seguir, foi avaliada a associação das respostas dadas em relação à aprovação no curso.

Participação dos alunos nas questões ao longo dos Cursos 1 e 2

Curso 1

A seguir, foi construído um gráfico com o percentual de alunos que responderam às questões Q1, Q2 e Q3 ao longo do curso, separado pelo grupo de alunos que foram aprovados ou não no Curso 1.

Gráfico 13: Percentual de questões Q1, Q2 e Q3 realizadas ao longo do Curso 1.

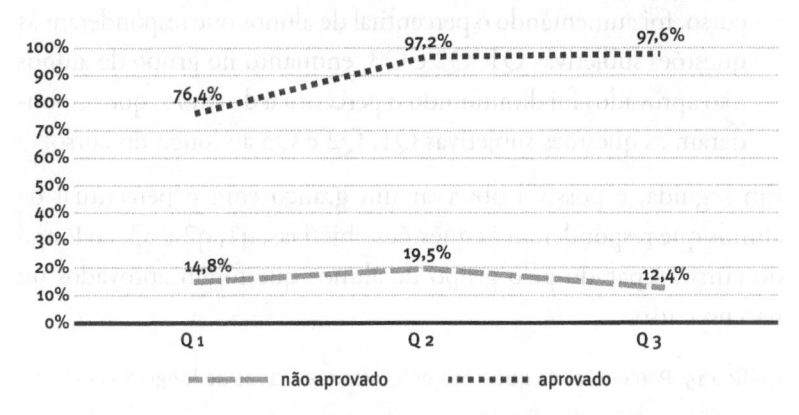

7. Pode-se observar que, no grupo de alunos aprovados ao longo Curso 1, foi aumentando o percentual de alunos que responderam às questões Q1, Q2 e Q3, enquanto no grupo de alunos não aprovados, foi diminuindo, ao longo do curso, o percentual de alunos que responderam às questões Q1, Q2 e Q3.

Curso 2

A seguir, foi construído um gráfico com o percentual de alunos que responderam às questões ao longo do curso, separado pelo grupo de alunos que foram aprovados ou não no Curso 2.

Gráfico 14: Percentual de questões subjetivas realizadas ao longo do Curso.

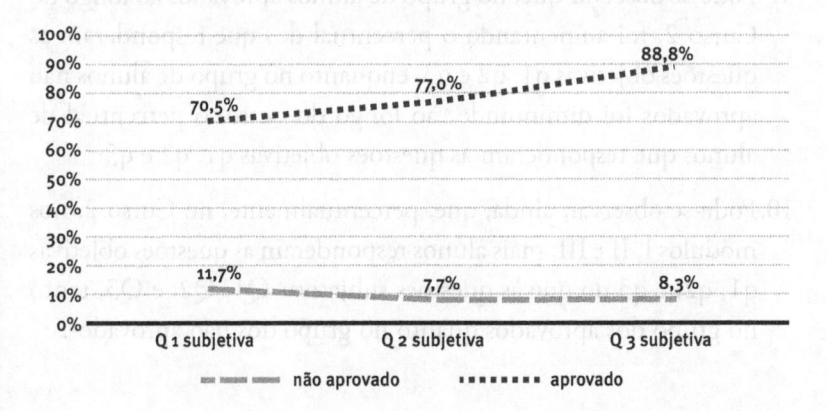

8. Pode-se observar que, no grupo de alunos aprovados ao longo do curso, foi aumentando o percentual de alunos que responderam às questões subjetivas Q1, Q2 e Q3, enquanto no grupo de alunos não aprovados foi diminuindo o percentual de alunos que responderam às questões subjetivas Q1, Q2 e Q3 ao longo do curso.

Em seguida, é possível observar um gráfico com o percentual de alunos que responderam às questões objetivas, q1, q2 e q3, ao longo do curso, separado pelo grupo de alunos que foram aprovados ou não no curso.

Gráfico 15: Percentual de questões objetivas realizadas ao longo do Curso 2.

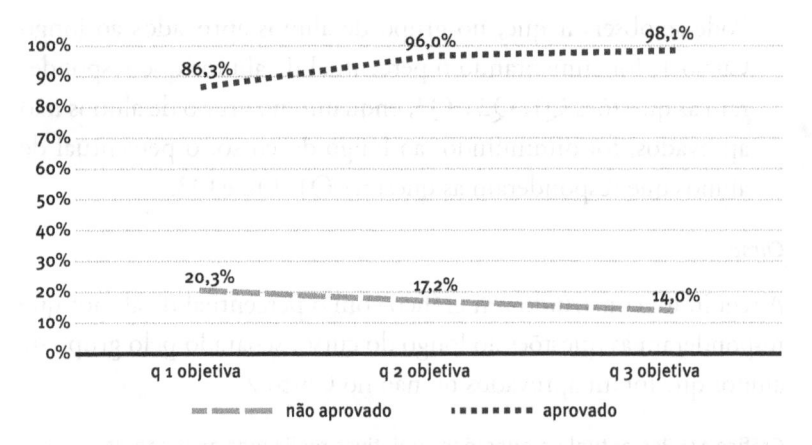

9. Pode-se observar que, no grupo de alunos aprovados ao longo do Curso 2, foi aumentando o percentual dos que responderam às questões objetivas q1, q2 e q3, enquanto no grupo de alunos não aprovados foi diminuindo, ao longo do curso, o percentual de alunos que responderam às questões objetivas q1, q2 e q3.

10. Pode-se observar, ainda, que, percentualmente, no Curso 2, nos módulos I, II e III, mais alunos responderam às questões objetivas q1, q2, e q3 do que às questões subjetivas Q1, Q2, e Q3, tanto no grupo dos aprovados quanto no grupo dos não aprovados.

Comprovação das hipóteses

1. Quem lê mais participa mais dos fóruns, responde mais às perguntas e tem aprovação maior.
2. A adaptação do Curso 2 foi importante, uma vez que os interesses dos profissionais do público-alvo inscrito neste Curso eram mais ligados à área social, e, segundo Preti (2003, p. 13), o programa EaD terá maior sucesso quanto mais se conseguir uma adaptação à situação e aos objetivos de aprendizagem do aluno. Só não sabemos, como mencionado no item 1, se o objetivo de aprendizagem foi alcançado pelo método de exposição de conteúdo, a leitura.
3. O tutor mediador, ao ler a pergunta que o aluno formula no exercício fictício de mediação simulada, na sessão privada, avalia a aprendizagem formativa do aluno em mediação, verifica se ele compreendeu a cultura da mediação e percebe a mudança de paradigma que ocorre no aluno. A pergunta revela o quanto ele está pronto para escutar. Portanto, a avaliação da pergunta é uma abordagem de avaliação formativa importantíssima. O tutor mediador, quando percebe que as perguntas ainda não estão satisfatórias, ou seja, quando não houve mudança de paradigma do aluno para escutar, pode ajudá-lo a refletir sobre novas perguntas que ele possa vir a fazer para prepará-lo para escutar.
4. Haja vista a importância da avaliação da pergunta por um tutor mediador e seguindo o raciocínio de Abrevaya, os tutores de cursos de mediação necessariamente precisam ser mediadores.

Conclusão geral

Após avaliação estatística, podemos afirmar que quem lê mais tem maior aprovação, participa mais nos fóruns e responde às questões. Pela formulação da pergunta, o tutor mediador percebe se o aluno aprendeu a escutar.

Limitações

1. Pode ter ocorrido que algum percentual dos alunos tenha avançado a página da leitura sem ter lido a lição, já que o sistema não exigiu um tempo mínimo decorrido em cada página.
2. Algumas lições foram avançadas pelos próprios tutores, quando a nota total do aluno estava próxima de 60% e faltavam alguns décimos para a sua aprovação.
3. Não posso concluir que o fato de o método de exposição de conteúdo ter sido 100% por meio de leitura tenha contribuído com a evasão dos alunos no curso, com a pouca participação dos fóruns e a não realização das questões, uma vez que não houve um grupo de controle onde ocorressem outros métodos de exposição para comparar com este. Podem ter ocorrido outros motivos pelos quais os alunos não continuaram a participar.
4. O percentual de alunos aprovados nos Cursos 1 e 2, 37,0% e 31,9% respectivamente, não pode ser comparado, uma vez que os alunos no Curso 2 que não haviam lido as lições 1, 2 e 3, nem participado dos fóruns, não podiam, portanto, continuar no curso, o que não aconteceu no Curso 1.

Discussão

Os alunos aprovados, que fizeram as leituras a partir do módulo I até o módulo III, tiveram um aumento de participação na leitura, nos fóruns e nas respostas às questões, enquanto os alunos não aprovados tiveram uma diminuição nestas participações.

O tutor teria tido alguma possibilidade de ajudar os alunos que não leram as lições?

Recomendações

1. Nos próximos cursos de mediação EaD, introduzir outros métodos de exposição de conteúdo que incluam métodos de vídeos e áudios.
2. Todos da equipe, a coordenação, a supervisão e os tutores de cursos de mediação em EaD, devem ser mediadores, como foram nos Cursos 1 e 2.

3. Utilizar a ferramenta da "formulação de perguntas" em exercícios fictícios de mediações simuladas e dar um tempo para o tutor mediador avaliar as formulações de perguntas, para que ele possa dar um *feedback* ao aluno e fazer uma avaliação formativa deste, como foi no Curso 2.
4. Quando se trata de um texto ou de um conteúdo novo de um curso, o coordenador, antes de iniciá-lo, precisa ter certeza de que todos os supervisores e tutores leram o conteúdo do texto e tiveram a mesma compreensão ao responderem às questões. Isso possibilita mudanças na redação, se necessário, e evita discussões durante o curso, como foi feito no Curso 1.

Referências

A expansão do EaD no Brasil. [s.d.]. Disponível em: <http://www.ead.com.br/ead/expansao-ead--brasil.html>. Acesso em: 10 jul. 2015.

ABREVAYA, S. e Maestria Latinoamericana Europea en Mediación y Negociación. (Produtor). *La Escucha.* [vídeo]. 2014. Disponível somente para os alunos do curso de Maestria Latinoamericana Europea e Mediación y Negociación em: <mastermediacion.edu20org/student_lesson/show/288212?lesson=3>. (ppt .4, 6, 17 e 18).

ANZORENA, O. Indagar con maestria: el rol de la indagación. In: *El arte de comunicarnos, conceptos y técnicas para una comunicación interpersonal efectiva.* Buenos Aires: Ediciones LEA, 2013. pp. 297-313. Disponível em: <https://books.google.com.br/books?id=7T0MAQAAQBAJ&pg=PT132&lpg=PT132&dq=Oscar+Anzorena,+Indagar+com+maestria&source=bl&ots=LEc5faJjiu&sig=0XsKcm2R-5psolScxMzq-aBfGMc&hl=pt-BR&sa=X&ved=0ahUKEwjty_HLt4zKAhXEjpAKHbnTAe4Q6AEIPzAF#v=onepage&q=Oscar%20Anzorena%2C%20Indagar%20com%20maestria&f=false>. Acesso em: 2 jan. 2016.

_____. *Maestría Personal*: modelos mentales o el mito de la realidad objetiva. 2013. Disponível em: <http://www.buenastareas.com/ensayos/Modelos-Mentales-o-El-Mito-De/7061347.html>. Acesso em: 25 dez. 2015.

ARGENTINA. Gobierno de la Ciudad de Buenos Aires, Secretaria de Gobierno. (1999). *Programa de Mediación Comunitaria* (Informe 1998. p. 4). Disponível somente para alunos cadastrados em: <http://mastermediacion.edu20.org/files/590021/Abrevaya%20informe%201998%20comunitaria%5B1%5D%282%29.pdf?lmsauth=9129b1f699a23be6af6c63cc3d9d7f04a2fa984b>. Acesso em: 11 jan. 2016.

ASSOCIAÇÃO Brasileira de Educação a Distância - ABED. *Censo EAD.BR*: relatório analítico de aprendizagem a distância no Brasil 2010. São Paulo: Pearson Education do Brasil, 2012. p. 60. Disponível em: <http://www.abed.org.br/site/pt/midiateca/censo_ead/1092/2013/03/censoead.br_2010/2011>. Acesso em: 10 jul. 2015.

_____. *Censo EAD.BR*: relatório analítico de aprendizagem a distância no Brasil 2012. Curitiba: Ibpex, 2013. p. 105. Disponível em: <www.abed.org.br/censoead/censoEAD.BR_2012_pt.pdf>. Acesso em: 27 abr. 2015.

_____. *Censo EaD.br*: relatório analítico de aprendizagem a distância no Brasil 2013. Curitiba: Ibpex, 2014. pp. 40-41. Disponível em: <www.abed.org.br/censoead2013/CENSO-EAD-2013_PORTUGUES.pdf>. Acesso em: 27 abr. 2015.

BENITEZ, I. M. S. *História da educação a distância no Brasil e no mundo*. 2012. Disponível em: <http://www.coladaweb.com/pedagogia/historia-da-educacao-a-distancia-no-brasil-e-no-mundo>. Acesso em: 23 dez. 2015.

BRITES, C. *Neurociências e aprendizagem*: como o cérebro aprende [vídeo]. 22 dez. 2014. Disponível em: <https://www.youtube.com/watch?v=23I4yU-jCGM>. Acesso em: 11 jan. 2016.

CARVALHO, A. B. Os Múltiplos Papéis do Professor em Educação a Distância: Uma abordagem centrada na aprendizagem. In: *18° Encontro de Pesquisa Educacional do Norte e Nordeste – EPENN*. Maceió: Universidade Estadual da Paraíba. 2007. Disponível em: <http://www.ebah.com.br/content/ABAAAAZscAF/papeis-professor-na-ead>. Acesso em: 26 dez. 2015.

CEAD. *A expansão ead e vantagens nos cursos superiores*. Disponível em: <www.ead.com.br/ead/expansão-ead-brasil.html>. Acesso em: 4 maio 2015.

_____. *Conheça o CEAD*. Disponível em: <http://www.cead.unb.br/index.php/conhecacead.html>. Acesso em: 19 abr. 2015.

_____. *ENAM abre inscrições para curso de mediação*. Disponível em: <http://www.cead.unb.br/index.php/todas-as-noticias/307-enam-abre-inscricoes-para-curso-de-mediacao.html>. Acesso em: 19 abr. 2015.

COMUNICAÇÃO corporal. In: *Significado*. Disponível em: <http://www.significados.com.br/linguagem-corporal/>. Acesso em: 24 dez. 2015.

COMUNICAÇÃO gestual. In: *Wikipédia: a enciclopédia livre*. Disponível em: <https://pt.wikipedia.org/wiki/L%C3%ADngua_de_sinais>. Acesso em: 24 dez. 2015.

COMUNICAÇÃO paraverbal. In: *Infopédia: enciclopédia on-line*. Disponível em: <http://www.infopedia.pt/dicionarios/lingua-portuguesa/paraverbal>. Acesso em: 24 dez. 2015.

COMUNICAÇÃO verbal. In: *Wikipédia: a enciclopédia livre*. Disponível em: <https://pt.wikipedia.org/wiki/Comunica%C3%A7%C3%A3o_verbal>. Acesso em: 24 dez. 2015.

ELDER, L.; PAUL, R. *El arte de formular preguntas esenciales basado en conceptos de pensamiento crítico y principios Socráticos*. 2002. pp. 8-9. Disponível em: <www.criticalthinking.org/resources/PDF/SP-AskingQuestions.pdf>. Acesso em: 5 mar. 2016.

ENAM. *Disponibilidade dos cursos e datas*. 2014. Disponível somente com senha: <moodle.cead.unb.br/enam/ moodle.cead.unb.br/enam/course/index.php>. Acesso em: 20 set. 2015.

_____. *Edital n. 002/2014*. 2014. Disponível em: <http://moodle.cead.unb.br/enam/pluginfile.php/5144/mod_book/chapter/73/Edital_002_resolucao_2014.pdf> Acesso em: 20 abr. 2015.

_____. *Edital n. 004/2014*. 2014. Disponível em: <http://moodle.cead.unb.br/enam/pluginfile.php/5144/mod_book/chapter/73/Edital_004_2014_resolucao_conflitos_coletivos.pdf> Acesso em: 20 abr. 2015.

ENAM-CEAD/UnB. *Resolução consensual de conflitos coletivos* [vídeo]. 2014. Disponível em: <https://www.youtube.com/watch?v=jLENSDPiyTk>. Acesso em: 12 jan. 2016.

_____. *Resolução consensual de conflitos coletivos envolvendo políticas públicas: biblioteca de tutoria*. 2014. Disponível somente para tutores em: <http://moodle.cead.unb.br/enam/mod/folder/view.php?id=257> Acesso em: 26 dez. 2015.

FONSECA, N. G. *A influência da família na aprendizagem da criança*. Projeto de pesquisa do CEFAC, Centro de especialização em fonoaudiologia clínica-linguagem. São Paulo. 1999. pp. 7, 29, 32. Disponível em: <http://www.cefac.br/library/teses/ab197be20bb61cc-49ca2e591c0171417.pdf> Acesso em: 24 dez. 2015.

FOREQUE, F. *Mudança à vista, em pé de igualdade*. Educação a distância. Folha de S. Paulo, 30. jul. 2015. p. 3. Disponível em: <http://www1.folha.uol.com.br/fsp/especial2/227743-em-pe--de-igualdade.shtml>. Acesso em: 13 out. 2016.

FREIRE, P. *Pedagogia da autonomia*: saberes necessários à prática educativa. 25. ed. São Paulo: Paz e Terra. 1996. pp. 21-50. Disponível em: <http://forumeja.org.br/files/Autonomia.pdf> Acesso em: 29 dez. 2015.

FULGHUM, R. *All I Really Need to Know I learned in Kindergarten*. 25th Anniversary ed. Nova York: Random House Publishing Group, 2004.

GIUSTA, A. S. Concepções de aprendizagem e práticas pedagógicas. *Educação em revista*, Belo Horizonte, vol. 29, n. 1. 2013. Disponível em: <http://www.scielo.br/scielo.php?pid=S0102--46982013000100003&script=sci_arttext>. Acesso em: 24 dez. 2014.

INTERNET. In: *Wikipédia:* a enciclopédia livre. Disponível em: <pt.wikipedia.org/wiki/Internet>. Atualização (2015, novembro 24). Acesso em: 12 jan. 2016.

JABLKOWSKI, G. *Claves y herramientas de comunicación Interpersonal efectiva*. [PowerPoint]. 2015. pp. 4-6. Disponível somente para pessoas registradas no curso em: <http://mastermediacion.edu20.org>. Acesso em: 12 jan. 2016.

_____. Iceberg comunicacional. In: *Clase1 introduccion a la comunicación*. [PowerPoint]. 2014. p. 7. Disponível somente para pessoas registradas no curso em: <mastermediacion.edu.org/student_lesson/show199158?lesson=28>.

MACHADO, L.D.; MACHADO, E. C. *O papel da tutoria em ambientes ead*: formação de profissionais para EaD. Universidade Federal do Ceará. 2004. Disponível em: <http://www.abed.org.br/congresso2004/por/htm/022-TC-A2.htm>. Acesso em: 26 dez. 2015.

MAGALHÃES, M. N.; LIMA, A.C.P. *Noções de Probabilidade e Estatística*. 2. ed. São Paulo: IME-USP, 2000.

MARI, M. M.; OPRIME, P. C.; MARI, Carina M. M.; COSTA, M.A.B. *Análise da evasão e reprovação de alunos em cursos a distância: um estudo empírico*. (Trabalho apresentado no XXXIX Congresso Brasileiro de Educação em Engenharia). Blumenau, SC. 2011. Disponível em: <www.abenge.org.br/CobengeAnteriores/2011/sessoestec/art2027.pdf>. Acesso em: 4 maio 2015.

MARTINS, R. X. In: *II Colóquio Regional EaD*. Ed. Internacional. Juiz de Fora. MG. Ferramentas de avaliação para ambientes virtuais de aprendizagem. 2010. pp.1-4. Disponível em: <http://www.cead.ufla.br/portal/wp-content/uploads/2012/10/Ferramentas-de-avaliacao-II-coloquio-EAD.pdf>. Acesso em: 31 dez. 2015.

MATTOS, T. *Características necessárias para quem quer fazer EaD. É preciso ter disciplina e saber interpretar.* 30 jul. 2013. Disponível em: <http://educacao.estadao.com.br/noticias/geral,saiba--quais-sao-as-caracteristicas-necessarias-para-quem-quer-fazer-ead,1058837>. Acesso em: 13 jul. 2015.

NAGY, C. *Dificuldades de comunicación, malos entendidos y conflictos*. (p. 1). Este artigo foi escrito para JCC.org JDC Europe 2006. [S.l.: s.n.].

NEDER, M.L.C. *Desatando nós...avaliação a distância.* Unidade 4. [s.d.]. Disponível em: <http://anapaula.pbworks.com/f/Unidade_4.pdf>. Acesso em: 1 jan. 2016.

O'ROURKE, J. *Tutoria no EaD*: um manual para tutores. Tradução de W. Ambrósio. Instituto Nacional de Educação a Distância. Canadá, Vancouver: Commonwealth of Learning. 2003. Disponível em: <http://www.abed.org.br/col/tutoriaead.pdf>. Acesso em: 11 jul. 2015.

PACHECO, R. *Competencias Claves para la Comunicación Organizacional.* Revista Latinoamericana de Comunicación CHASQUI, junio, (90), 2005, p. 70-71.

PONTES, E.B.; SOUSA, C.A.L.; COUTINHO, L.M. Linguagem audiovisual e educação a distância. In: SOUZA, A.M.; FIORENTINI, M.A.; RODRIGUES, M.A.M.(Orgs). *Educação superior a distancia*: comunidade de trabalho e aprendizagem em rede (CTAR). 2. ed. Brasília: Universidade de Brasília, Faculdade de Educação, 2010. p. 124. Disponível em: <http://pt.slideshare.net/aurelyano/livro-educao-superior-a-distancia>. Acesso em: 12 jan. 2016.

PRETI, O. *O estado da arte sobre "tutoria"*: modelos e teorias em construção. [s.d.]. pp. 1, 12, 13. Disponível em: <http://www.uab.ufmt.br/uploads/pcientifica/tutoria_estado_arte.pdf>. Acesso em: 29 dez. 2015.

RAMOS, W. M.; MEDEIROS, L. A universidade aberta do Brasil: desafios da construção do ensino e aprendizagem em ambientes virtuais. In: SOUZA, A.; FIORENTINI, L.M.R.; RODRIGUES, M.A. (Orgs.). *Educação superior a distancia*: comunidade de trabalho e aprendizagem em rede (CTAR). 2009. pp. 53-55. Brasília: Universidade de Brasília, Faculdade de Educação. Disponível em: <http://pt.slideshare.net/aurelyano/livro-educao-superior-a--distancia>. Acesso em: 11 jan. 2016.

RODRIGUES, C. *Evasão é o maior problema do Ensino a Distância, aponta estudo.* 2 ago. 2012. Disponível em: <http://educacao.uol.com.br/noticias/2012/08/02/evasao-e-o-maior-obstaculo--ao-ensino-a-distancia-para-instituicoes-diz-estudo.htm>. Acesso em: 27 dez. 2015.

SALES, G. L.; LEITE, E. A. M.; JOYE, C. R. Gerenciamento da aprendizagem, evasão em EaD online e possíveis soluções: um estudo de caso no IFCE. In: *Novas tecnologias na educação,* 10 (3), 2012. p. 2. Disponível em: <www.cinted.ufrgs.br/ciclo20/artigos/2d-givandenys.pdf>. Acesso em: 11 jan. 2016.

SANAVRIA, C. Z. *Avaliação da aprendizagem na educação a distância: concepções e práticas de professores de ensino superior,* pp. 16-28. Dissertação (Mestrado). Campo Grande: Universidade Católica Dom Bosco. Disponível em: <http://www3.ucdb.br/mestrados/arquivos/dissert/535.pdf>. Acesso em: 21 mar. 2015.

SCHNITMAN, I. M. *O perfil do aluno virtual e as teorias de estilos de aprendizagem.* 3° Simpósio Hipertexto e Tecnologias na Educação, redes sociais e aprendizagem. Universidade Federal de Pernambuco - Núcleo de Estudos de Hipertexto e Tecnologia na Educação. [s.d.]. pp. 2-3, 5-9. Disponível em: <https://www.google.com.br/search?q=Schnitman,+I.+M.++%28s.d.%29.++O+perfil+do+aluno+virtual+e+as+teorias+de+estilos+de+aprendizagem.++3o.Simp%C3%B3sio+Hipertexto+e+Tecnologias+na+Educa%C3%A7%C3%A3o,+redes+sociais+e+aprendizagem.+&ie=utf-8&oe=utf-8&gws_rd=cr&ei=Ut-hVamKCIOkwgTOq5iICw>. Acesso em: 12 jul. 2015.

SERAFINI, A.M.S. *A autonomia do aluno no contexto da educação a distância.* Educ. Foco, Juiz de Fora. v. 17, 2, pp. 61-82. jul./out. 2012. Disponível em: <http://www.ufjf.br/revistaedufoco/files/2013/05/artigo-031.pdf>. Acesso em: 12 jul. 2015.

SEVERINO, A. J. *Metodologia do trabalho científico*. 23. ed. p. 27. São Paulo: Cortez Editora. 2014. Imp. Índia.

SILVA, C.L. O cérebro e a aprendizagem. *Revista Educação*, ago. 2011. Disponível em: <http://revistaeducacao.uol.com.br/textos/170/artigo234952-1.asp>. Acesso em: 5 abr. 2015.

SOUZA, C. A.; SPANHOL, F. J.; LIMAS, J. C. O.; CASSOL, M. P. *Tutoria na educação a distância*. Universidade Vale do Itajaí. Publicação em congresso. 2004. Disponível em: <http://www.abed.org.br/congresso2004/por/htm/088-TC-C2.htm>. Acesso em: 26 dez. 2015.

SOUZA, L.M. Etapas do processo de resolução consensual de conflitos –negociação; estudos técnicos; redação e ratificação/homologação do acordo. Módulo III. Lição III. In: *Resolução consensual de conflitos coletivos envolvendo políticas públicas*. Goettenauer de Oliveira, I. L. (Org.). 2014a. pp. 117-163. Brasília: Fundação Universidade de Brasília/FUB.

_____. *Etapas do processo de resolução consensual de conflitos* – negociação; estudos técnicos; redação e ratificação/homologação do acordo. Módulo III. Lição III. 2014b. p. 12. Disponível na plataforma dos Cursos 1 e 2 somente para alunos: <http://moodle.cead.unb.br/enam/mod/scorm/player.php>. Acesso em: 2 jan. 2016.

_____. *Módulo V* - Exercícios de simulação de atuação em casos hipotéticos. 2014c. Disponível exclusivamente para supervisores, tutores e alunos: <moodle.cead.unb.br/enam/mod/fórum/view.php?id=345>. Acesso em: 2 jan. 2016.

TONIETO, M. T.; MACHADO, E.C. *A questão do sucesso do aluno em EaD*. Relatório de pesquisa. 2005. (pp. 3, 7). Disponível em: <http://www.abed.org.br/congresso2005/por/pdf/111tcc5.pdf>. Acesso em: 12 jul. 2015.

VELLOSO, A.; LANNES, D.; BARROS, S. O papel do tutor na EaD... tutoria a distância: diferentes funções, diferentes competências. Rio de Janeiro: UFRJ 2013. Disponível em: <http://www.educacaopublica.rj.gov.br/biblioteca/educacao/0407.html>. Acesso em: 27 dez. 2015.

ZANELATO, A.P.A. *Avaliação no ensino a distância*. [s.d.]. pp. 3, 5. Disponível em: <http://intertemas.unitoledo.br/revista/index.php/ETIC/article/viewFile/2138/2331>. Acesso em: 31 dez. 2015.

Anexos

Anexo 1 – Descrição do Conflito "A" – Curso 1

Conflito "A": facilitação de diálogo envolvendo uma pedreira, a Prefeitura, órgãos ambientais, uma ONG e atores comunitários.

Descrição da situação: Em um bairro rural no interior do Rio de Janeiro, existe uma pedreira explorada por uma empresa familiar, que emprega a maior parte dos moradores do lugar. Após alguns anos de produção, algumas pessoas passaram a apresentar sintomas físicos decorrentes do trabalho insalubre. A morte de uma criança de 4 anos com quadro grave de asma, supostamente devido à convivência crônica com a atmosfera gerada pela exploração da pedreira, mobilizou a comunidade a reunir-se na Associação de moradores e a formar uma comissão para reivindicar seus direitos. Orientada por um advogado, seus representantes solicitaram a interferência da Prefeitura e dos órgãos ambientais, além da ajuda de uma ONG dedicada a questões ambientais.

Sua participação: Você integra uma equipe de mediadores que já atuou em questões coletivas de cidades vizinhas e foi contatado pela Prefeitura para facilitar o diálogo entre esses atores, com vistas a viabilizar uma solução por consenso, que contemple os interesses de todos.

O que se sabe até o momento que antecede o seu contato com cada ator é que:

- **Prefeito:** a Prefeitura tem um Prefeito jovem, de visão progressista, que almeja a reeleição, filho do ex-Prefeito, eleito por vários mandatos, amigo do dono da pedreira – vocês entrevistarão o atual Prefeito em sessão privada e buscarão conhecer, dentre outras informações que considerar pertinentes, em que medida ele tem uma independência com relação ao pensamento e gestão de seu pai, e como ele entende ser possível lidar com as necessidades sociais e econômicas da comunidade;
- **Órgão ambiental estadual:** o órgão ambiental, cônscio de sua missão, quer que a solução a ser proposta contemple as normas legais – ao entrevistar os servidores do órgão ambiental, vocês vão buscar entender o que isso significa na prática;
- **Comunidade local:** as atividades econômicas da comunidade local têm uma grande dependência em relação à pedreira em função das gerações anteriores terem na empresa extrativa sua fonte exclusiva de rendimento. Há na comunidade um grupo conservador que educou os filhos com o trabalho na pedreira e nunca atuou em outra atividade, mantendo com os donos da pedreira uma relação de gratidão; o grupo jovem, filhos desses trabalhadores, teve acesso à escolaridade e se opõe à extração, pressionando os políticos a incentivarem a população local a diversificar suas atividades laborativas e defendendo o fechamento da pedreira – para entender os diferentes interesses da comunidade, é preciso conversar com representantes da ala conservadora e da ala jovem;
- **ONG:** a ONG Viva o Verde está aliada à facção mais jovem do bairro comunitário e clama pelo fechamento da pedreira – você vai buscar entender melhor as razões disso;
- **Pedreira:** a pedreira é uma empresa familiar administrada pelo fundador e seus dois filhos – o fundador tem com a ala conservadora da comunidade local uma relação cordial e protetora: promove festas de Natal e ajuda financeiramente aqueles que o procuram; há 10 anos, o fundador providenciou algumas medidas protetivas de segurança do trabalho em função de um laudo ambiental que

apontava para irregularidades no funcionamento da pedreira; um de seus filhos é seu braço direito e segue os passos do pai, enquanto o outro, de visão mais progressista, dedica somente parte do tempo ao negócio, pois faz uma pós-graduação em Tecnologia da Informação – o dono da pedreira comparecerá à sessão privada com seus dois filhos.

Fonte: SOUZA, Luciane Moessa de. *1º Curso Resolução consensual de conflitos coletivos envolvendo políticas públicas (EaD)*. Módulo V - Exercícios de simulação de atuação em casos hipotéticos: Fórum - Exercício 1. (9 jun. a 27 jul. 2014). Disponível somente para equipe de formação em: <http://moodle.cead.unb.br/enam/mod/forum>. Acesso em: 19 abr. 2015.

Anexo 2 – Conflito na área de educação em Estudantina (fictício)

O Município de Estudantina, na fronteira do Brasil com a Bolívia, possuía uma rede de 20 escolas e 1.000 alunos inscritos no ensino fundamental. Como o acesso ao Município era feito por canoa, era muito difícil a contratação de docentes e as vagas para alunos não cresciam há 6 anos, embora a demanda estivesse crescendo 20% ao ano, devido ao processo migratório impulsionado pela mineração na região.

Em janeiro de 2014, 30 famílias brasileiras que viviam do lado boliviano das margens do Rio Solimões voltaram para o lado brasileiro devido a conflitos pelo uso do solo. As 21 crianças em idade escolar destas famílias precisavam se matricular em Estudantina, mas as aulas já haviam começado e não havia vagas. O caso mais complexo era o de Joanderson Silva, cadeirante, de 14 anos de idade e 100 quilos, pois a região era frequentemente alagada pelas cheias do rio e, por isso, todas as escolas eram construídas como palafitas, em altura que requeria escadas de acesso. Até então, não havia nenhuma outra criança cadeirante tentando estudar em Estudantina, mas a mãe de Joanderson, Dona Joaninha, insistia que o filho tinha direito a estudar e requeria providências.

Pelo Facebook, Dona Joaninha reuniu defensores da causa dos portadores de necessidades especiais, e, no dia 1º de abril de 2014, um grupo de 800 manifestantes, vindos de todo o Brasil e do exterior, acampou na praça central de Estudantina, requerendo providências da Secretaria Municipal de Educação para que portadores de necessidades especiais pudessem exercer seu direito à educação.

O Prefeito de Estudantina, Dr. Clarimundo, e a Secretária de Educação, Sra. Florisbela, se dispuseram a receber um representante dos manifestantes, desde que viesse acompanhado pela imprensa e por representante do Ministério da Educação. Alegavam que o MEC não lhes repassava verbas federais para adequação das escolas há mais de 8 anos, desde que foi eleito Prefeito de partido de oposição ao governo federal. Já o MEC alegava que o Município somente vinha apresentando projetos fora do prazo ou fora das especificações técnicas que devem ser atendidas para um projeto ser contemplado.

Para facilitar o diálogo e evitar o agravamento do conflito na região, o Ministério Público Estadual (que tem competência para atuar seja na área de educação, seja na proteção da criança e adolescente, seja dos portadores de deficiência) decidiu instaurar uma mediação, com a ajuda de uma dupla de mediadores independentes. Foram agendadas conversas preliminares com:

- Ministério Público Estadual;
- Prefeito de Estudantina, Procurador do Município e Secretaria Municipal de Educação;
- representante do Ministério da Educação;
- dois representantes dos manifestantes, representante da ONG Educar é Amar (que organizou a manifestação) e a mãe de Joanderson, Dona Joaninha.

Fonte: SOUZA, Luciane Moessa de. *2º Curso Resolução consensual de conflitos coletivos envolvendo políticas públicas (EaD)*. Módulo IV - Estudos de Caso: Fórum-Exercício 1. 2014. Disponível somente para equipe de formação em: ‹http://moodle.cead.unb.br/enam/mod/forum/view.php?id=417›. Acesso em: 19 abr. 2015.

Anexo 3 – Descrição do Conflito usina hidrelétrica – para 1º e 2º Cursos

O conflito hipotético em questão surgiu na esfera administrativa, tendo em vista a proposta de construção de hidrelétrica no Estado do Pará em área que alagará parcialmente uma terra indígena, uma unidade de conservação federal (Parque Nacional) e seis grandes fazendas.

O processo de demarcação da terra indígena foi iniciado há 3 anos; costuma levar, em média, 5 anos apenas no âmbito da FUNAI.

A construção da hidrelétrica, nos termos propostos, deverá alagar aproximadamente 50% da terra indígena e 40% do Parque Nacional. O projeto busca atender às necessidades de expansão do fornecimento de energia das regiões Norte e Nordeste para os próximos 15 anos. A ELETRONORTE, possível destinatária da concessão para a exploração, estima um aumento em 30% de suas atividades se o empreendimento for realizado.

O IBAMA, órgão competente para o licenciamento ambiental do empreendimento, ainda está aguardando resultado do Estudo Prévio de Impacto Ambiental, verificando formas de minimizar os impactos socioambientais e solicitando explicações dos órgãos federais que atuam na área de energia (Ministério de Minas e Energia e ANEEL) sobre fontes alternativas para atender à demanda de energia elétrica da população.

Não foi ainda identificada nenhuma área vizinha onde poderia ser realocada a população indígena e esta parece pouco disposta a cogitar essa ideia, sobretudo porque não vê nenhuma vantagem na construção da hidrelétrica e só percebe impactos negativos sobre o seu modo de vida tradicional. Os indígenas não confiam em promessas vagas e parecem dispostos à luta pela força.

O órgão ambiental encarregado da gestão das unidades de conservação federais (ICMBIO) e a entidade ambientalista SOS Amazônia entendem como inaceitável a inundação de parte da área do parque, que só poderia ser compensada com a criação de uma unidade de conservação de natureza semelhante, em área bastante similar, preferencialmente contígua aos 60% que não seriam afetados.

Latifundiários afetados pedem um valor total pelas propriedades de R$ 30 milhões, mais indenização pelos custos de interromper as atividades de agricultura e iniciá-las em outro local, se for o caso, ou de remoção do gado, no caso dos pecuaristas.

O Ministério Público Federal exige a conclusão imediata dos estudos técnicos da FUNAI na terra indígena que está sendo demarcada e não está convencido da necessidade de construção da usina, com um custo socioambiental tão elevado.

O Estado do Pará está alinhado, em boa parte, aos latifundiários afetados, mas também muito interessado nas receitas tributárias geradas pelo empreendimento.

O Município de Indiópolis tem um Prefeito de etnia parcialmente indígena e membros de duas tribos indígenas na sua Câmara de Vereadores. Metade da população de 20 mil habitantes tem ascendência total ou parcialmente indígena. Trata-se de um Município com baixíssima renda *per capita*, carente de infraestrutura urbana e serviços públicos básicos de qualidade. A terra indígena em processo de demarcação fica em seu território e tem havido acirrado conflito entre os indígenas e os fazendeiros na região, inclusive resultando em mortes.

Já o Município de Pecuariópolis tem como Prefeito o maior latifundiário da região e a Câmara Municipal também é dominada por fazendeiros, a maioria exploradores de pecuária de leite e de corte. Trata-se de um Município com grande arrecadação tributária, porém grande desigualdade social, havendo também demanda reprimida por serviços públicos básicos.

Fonte:
1º Curso: SOUZA, Luciane Moessa de. *1º Curso Resolução consensual de conflitos coletivos envolvendo políticas públicas (EaD)*. Módulo V - Exercícios de simulação de atuação em casos hipotéticos: Fórum - Exercício 3. 2014. Disponível somente para equipe de formação em: ‹http://moodle.cead.unb.br/enam/mod/forum/view.php?id=345›. Acesso em: 18 abr. 2015.
2º Curso: SOUZA, Luciane Moessa de. *2º Curso Resolução consensual de conflitos coletivos envolvendo políticas públicas (EaD)*. Módulo V - Exercícios de simulação de atuação em casos hipotéticos: Atividades Simuladas. Fórum - Exercício 2. (4 ago. a 22 set. 2014). Disponível somente para equipe de formação em: ‹http://moodle.cead.unb.br/enam/mod/forum/view.php?id=418›. Acesso em: 18 abr. 2015.